Kürbis – der Kaiser des Gartens
Ein Kochbuch

Kürbis
Der Kaiser des Gartens

Ein Kochbuch

Warendorf
2000

Kürbis
Der Kaiser des Gartens
Ein Kochbuch

Rezepte:
Bernadette Kircher-Draeger
und Werner Bockholt
Schrift und Gestaltung:
Bernadette Kircher-Draeger
Warendorf 2000
Verlag Schnell
Oststr. 24
48231 Warendorf
ISBN: 3-87716-807-8
Herstellung:
Schnell Buch und Druck
Katzheide 2
48231 Warendorf

Inhalt

Einleitung	5
Vorspeisen	19
Suppen	25
Salate	49
Hauptgerichte	65
Beilagen	117
Desserts	141
Saucen	149
Marmeladen und Eingemachtes	153
Brot und Backwaren	163
Getränke	179
Historisches Rezept	185
Eigene Rezepte	188
Rezeptregister	190

Der Kürbis als „Kaiser des Gartens"
Eine Einleitung

Der Kürbis, lange Zeit vergessen und ein Schattendasein fristend, erlebt seit einigen Jahren eine wahre Renaissance. Diese geht vor allem von Amerika aus und hat mittlerweile auch Deutschland erreicht, wo der Kürbis immer mehr als Delikatesse geschätzt wird.

Der Kürbis gehört zur Gattung der Kürbisgewächse, die vorwiegend im tropischen und subtropischen Klima beheimatet sind. Auch Gurken, Melonen und Zucchinis zählen zu den Kürbisgewächsen. Der Kürbis wird zwar zu den Gemüsen gerechnet, ist botanisch allerdings den Beerenfrüchten zuzuordnen. Bei den Kürbissen handelt es sich um liegende oder kletternde Pflanzen mit auffälligen Beerenfrüchten. Diese zählen zu den größten Früchten, sind aber sehr unterschiedlich in Größe, Form und Farbe. Die Schale kann grün, gelb, orange oder weiß sein. Das feste Fleisch ist faserig und carotinhaltig. Die Kürbisse enthalten zahlreiche flache Samen, die ölhaltig und eiweißreich sind. Neben den Tropen und Subtropen Amerikas, in denen ursprünglich etwa 25 Sorten beheimatet waren, finden sich auch in den gemäßigten Zonen Kürbisse. Dennoch gilt als Ursprungsraum vor allem Südamerika. Nach Europa gelangte der Kürbis mit den Seefahrern im 16. Jahrhundert. Hatte er anfänglich lediglich als Zierpflanze eine Bedeutung, so nahm aber auch seine Funktion als Nahrungsmittel stetig zu. In der Gegenwart erfreut sich der Kürbis vor allem in Nordamerika großer Beliebtheit, aber allmählich erobert er auch die europäische und die deutsche Küche.

Der Kürbis ist reich an Nährstoffen. Diese unterliegen jedoch je nach Sorte starken Schwankungen. 100 Gramm Winterkürbis enthalten 37 kcal, 1 Gramm Protein, 9 Gramm Kohlenhydrate und 2 Milligramm Natrium. 90% des Kürbis bestehen aus Wasser, er ist cholesterinfrei und beinhaltet kein Fett, dafür aber viel Calcium, Eisen und Phosphor, Carotin und Provitamin A.
Die Kürbissamen enthalten 34-38% Öl, viel Eiweiß, mehrfach ungesättigte Fettsäuren und Vitamin E.

Mittlerweile gibt es eine fast unüberschaubare Flut von Kürbissorten. Durch viele Neuzüchtungen hat sich ihre Zahl auf etwa 800 Sorten erhöht; in jedem Jahr kommen neue hinzu.

Kürbis ist noch lange nicht gleich Kürbis: Es gibt neben der Sortenvielfalt Speise- und Zierkürbisse, Sommer- und Winterkürbisse.
Zu den bekanntesten Sorten zählt der „Acorn Squash" aus den USA. Es handelt sich um eine längliche Fruchtform mit Rippen, die etwa 1 kg schwer wird. Aus Kanada kommt der „Atlantic Giant", ein Riesenkürbis, der etwa 25-50 kg schwer werden kann. Die Früchte haben eine orangefarbige Schale, das Fruchtfleisch, hellorange, ist gut zum Braten geeignet. Im Jahr 1996 wurde ein „Atlantic Giant" geerntet, der ein Rekordgewicht von 523 kg hatte.
Vergleichbar ist dieser Kürbis mit dem „Gelben Zentner", einer Kürbissorte, die besonders häufig in Deutschland vorzufinden ist. Das Fruchtfleisch eignet sich besonders gut zum Einmachen „Süß-Sauer".
Aus Ungarn kommt der „Bleu de Hongrie". Dieser Kürbis mit seiner grünweißen Schale wird bis

zu 10 kg schwer. Im Herkunftsland wird er als Bratkürbis bezeichnet, und damit wird seine bevorzugte Verwendung in der Küche auch deutlich.

Der „Hokkaido" aus Japan, ein kleinerer Kürbis mit einem Gewicht von 1-2 kg, fällt durch seine zwiebelartige Form auf. Er ist besonders gut für die Küche geeignet, da er über sehr delikates Fruchtfleisch verfügt.

In Kanada und der USA ist der „Hubbard Squash" besonders populär. Hierbei handelt es sich um eine „historische" Sorte, denn bereits im 18. Jahrhundert war diese bekannt. Die Früchte werden 3-15 kg schwer, haben eine längliche Form und eine hohe geschmackliche Qualität.

Eine Besonderheit stellen die Spagettikürbisse aus Japan dar. Nach dem Kochen der etwa 2kg schweren Fucht löst sich das Fruchtfleisch in nudelähnliche Fasern auf, die wie Spagetti aussehen und auch so gegessen werden können.

Der Kürbis gehört zu den ältesten Kulturpflanzen der Erde. Bereits vor über 8000 Jahren soll es Kürbisse gegeben haben. Die sogenannten Flaschenkürbisse sind seit 6000 Jahren bekannt. Wichtig ist kulturgeschichtlich die multifunktionale Bedeutung: Reife Früchte konnte man aushöhlen, den Inhalt essen, der Samen konnte getrocknet und verzehrt werden, die Schale diente als Vorratsbehälter. Aber nicht nur Haushaltsgegenstände wurden aus der Schale hergestellt, auch Musikinstrumente. In China bewahrten die Apotheker in Kürbissen ihre Medikamente auf. Bei den südamerikanischen Indianern wurden aus Kürbissen Masken angefertigt. Der Kürbis wurde verehrt und galt auch als Aphrodisiakum.
Eine wichtige Rolle spielte der Kürbis bei Erntedank- und Herbstfesten. In den USA ist das Kürbisfest „Halloween" (31. Oktober) ohne die dekorative Frucht undenkbar. Aber auch in Europa wird bei Erntedankfesten der Kürbis immer wichtiger: er beeindruckt nicht nur durch Größe und Schönheit, er gilt auch als Symbol für Fruchtbarkeit.
Dieser Symbolgehalt gilt für viele Kulturkreise. In China wird der Kürbis als „Kaiser des Gartens"

bezeichnet und steht für Gesundheit, Fruchtbarkeit und ein langes Leben.

Der Kürbis braucht im Garten viel Platz zur Entfaltung. Mitte April werden in der Regel die Samen vorgekeimt. Erst Mitte Mai nach den Eisheiligen werden die Jungpflanzen ins Freie gesetzt. Sie brauchen Wärme, viel Sonne, nährstoffreiche Böden und lockeres Erdreich. Die Wachstumsperiode beträgt 80-120 Tage. Die Triebe werden bis zu 10 Meter lang. Im September beginnt die Kürbisernte. Die Kürbisse sind reif, wenn es beim Gegenklopfen hohl klingt. Bis zum ersten Frost muß die Ernte erfolgen. Die Nachreifezeit beträgt in der Regel 2-3 Wochen.

Die Erntezeit ist aber auch abhängig davon, ob Sommer- oder Winterkürbisse geerntet werden. Sommerkürbisse: das sind die schnellwachsenden kleineren Sorten. Die Schale ist weich und das Fleisch sehr hell. Hierzu gehören beispielsweise die Zucchinis. Kennzeichnend ist, daß eine Lagerung nicht möglich ist und die Früchte sofort verarbeitet und verzehrt werden müssen. Sommerkürbisse sind besonders gut als Gemüse oder

für Salate geeignet. Als Regel gilt; Je eher man erntet, umso mehr wachsen nach.
Winterkürbisse: das sind die größeren und großen Sorten. Die Schale ist hart, das Fruchtfleisch rot bis gelborange. Es eignet sich besonders zum Kochen.

Kürbisse sollten trocken und kühl gelagert werden. Bei optimalen Bedingungen beträgt die Lagerfähigkeit der Kürbisse 4-6 Monate.

Unter den Gemüsen ist der Kürbis ein wahres Multitalent.
Er ist auf Grund seines Aussehens ideal für dekorative Zwecke, eignet sich zum Spielen und Basteln; Kürbiskerne und Kürbiskernöl werden in der Naturheilkunde verwendet, und er ist ideal für den Gebrauch als Lebensmittel.
Dabei gilt die Regel, dass kleinere Kürbisse in der Regel geschmacklich aromatischer sind als große. Gemeinsam ist allen, dass sie sehr gesund sind.

Die Möglichkeiten, den Kürbis in der Küche einzusetzen, sind fast grenzenlos und von der Fantasie und dem Ideenreichtum des Kochs oder der

Köchin abhängig.
Am ehesten lassen sich die Einsatzmöglichkeiten des Kürbis mit denen der Kartoffel vergleichen. Man kann Kürbisse braten und dünsten, backen, grillen, kochen, frittieren und einlegen. Demzufolge sind Kürbisse auch für viele Gerichte zu gebrauchen: für Suppen, als Hauptgericht zum Beispiel als Auflauf, als Beilage zu Fleisch und Fisch, für süße Nachspeisen, für Kuchen. Selbst Getränke mit Kürbis lassen sich herstellen. Aber auch die Kürbiskerne eignen sich hervorragend für die Küche.
Je nach Verwendung und Würzung erlaubt der Kürbis geschmacklich eine hohe Variationsbreite zwischen süß, süßsauer, sauer und scharf.

Die Kürbisküche erweist sich als fast unerschöpflich. So kann man den Kürbis als Gefäß nutzen und darin die Speise anrichten: etwa eine Suppe im Kürbis oder einen Salat mit Kürbisstückchen, als Beilage kann man einen Kartoffel-Kürbis-Brei reichen. Zum Fisch- oder Geflügelgericht paßt gut eine Kürbissauce. Eine herzhafte Torte mit Kürbis, gewürzt mit

Ingwer oder Zimt, eine Kürbisbowle und und und. Als wahrer Klassiker unter den Kürbisgerichten gilt das Kürbisfleisch süß-sauer eingelegt, mit Nelken und Zimt gewürzt.

Eine gute Möglichkeit, Kürbisfleisch aufzubewahren, ist das Einfrieren. Das Kürbismus stellt eine optimale Grundlage für die Weiterverarbeitung in der Küche dar: Dazu wird der Kürbis geschält und entkernt, anschließend das Kürbisfleisch in Würfel geschnitten. Mit etwas Wein oder Wasser wird das Gemüse in einem Topf gar gekocht. Dann das Kürbisfleisch abtropfen lassen, grob pürieren und einfrieren.

Bei der Verwendung des Kürbis in der Küche erweist sich das Gemüse als vielfältig. So kann nicht nur das Fruchtfleisch verwendet werden, die Kürbiskerne können Suppen und Salate krönen, eignen sich für Brote und Brötchen. Durch ein Rösten in der Pfanne erhalten die Kerne einen besonders nussigen Geschmack. Selbst die Kürbisblüte kann man in der Küche nutzen: zum Mitbacken oder als Zugabe zum Salat. Das Kürbiskernöl mit seinem außergewöhnlich nussigen Geschmack, das besonders in Österreich und Slowenien beliebt ist, eignet sich zum Anmachen von Salaten und zum Marinieren. Zahlreiche Speisen werden durch Kürbiskernöl abgerundet. Um einen Liter Kürbiskernöl herzustellen, werden etwa 2,5 kg Kerne benötigt.

Die Zubereitung des Kürbis zur Verwendung in der Küche beginnt in der Regel mit drei Schritten: zunächst wird der Kürbis geschält. Größere werden ausgehöhlt. Dann erfolgt die Entkernung und schließlich wird das Fruchtfleisch in Stücke geschnitten.

Aufgrund seines recht neutralen Geschmacks lassen sich durch Würzen unterschiedliche Geschmacksvariationen herstellen. Bei süßen Gerichten sind besonders Zucker, Zimt, Ingwer, Honig, Muskat und Zitronensaft geeignet. Bei herzhaften Gerichten passen sehr gut Curry, Salz, Pfeffer, Paprika, Knoblauch, Zwiebeln und Gartenkräuter zum Kürbis.

Selbst der deutsche Dichterfürst Johann Wolfgang von Goethe (1749-1832) wußte den Kürbis bereits zu schätzen. Im seinem Garten hinter seinem Haus am Weimarer Frauenplan züchtete Goethe unterschiedliche Gemüsesorten, und der Kürbis gehörte dazu.

Vorspeisen

Gebackene Kürbisstreifen mit Parmaschinken auf Pumpernickel

1 Kürbis (etwa 1 kg)
Salz und Pfeffer
Olivenöl
Oregano
Thymian
200 g Parmaschinken
8 Scheiben Pumpernickel

Den Kürbis schälen, entkernen und in schmale Streifen schneiden.
Diese auf ein mit Backpapier ausgelegtes Backblech legen, salzen und pfeffern.
Die Kürbisstreifen mit Olivenöl bestreichen und mit Oregano und Thymian bestreuen.
Im vorgeheizten Backofen bei 225°C etwa 35 min backen.
Mit Parmaschinken und Pumpernickelscheiben anrichten.

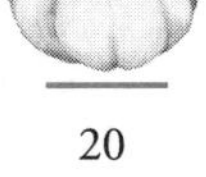

Kürbis mit Scampi

8 frische Scampi
200 g Kürbisfleisch
1 Ei
50 g Mehl
50 ml Olivenöl
30 ml Aceto Balsamico
Salz, Pfeffer, Zucker

Die Scampi putzen und in heißem Fett kurz anbraten.
Das Kürbisfleisch in Scheiben schneiden.
Aus dem Ei und Mehl einen Teig rühren, darin die Kürbisscheiben wenden. Diese auch in heißem Fett von beiden Seiten braten.
Scampi und Kürbisscheiben auf einem Teller anrichten.
Aus Olivenöl, Aceto Balsamico, Salz, Pfeffer und Zucker eine Sauce rühren.
Diese über Scampi und Kürbisscheiben geben.

Krabbencocktail mit weißer Kürbiscreme

500 g Krabben
Butter
Saft einer halben Zitrone
Olivenöl
2 Zwiebeln
1 Knoblauchzehe
250 g ausgelöstes Kürbisfleisch
4 Tomaten
Salz und Pfeffer aus der Mühle
2 EL Creme fraîche

Die Krabben kurz in einer Pfanne in Butter erhitzen.
Mit Zitronensaft beträufeln. Warm halten.
Olivenöl in einen Topf geben, erhitzen und die in Würfel geschnittenen Zwiebeln zugeben.
Das Kürbisfleisch würfeln.
Die Tomaten kurz in heißes Wasser legen, enthäuten und würfeln.
Die ausgedrückte Knoblauchzehe, die Kürbis- und Tomatenwürfel zugeben.
Etwa 15 min schwach kochen lassen.

Mit Salz und Pfeffer würzen.
Das Gemüse pürieren und mit Creme fraîche abschmecken.
Krabben und Soße anrichten.

Dazu: Kräuterbaguette

Suppen

Einfache Kürbiscremesuppe

30 g Butter
1 Bund Frühlingszwiebeln
1 1/2 l Hühnerbrühe
750 g ausgelöstes Kürbisfleisch
1 Becher Creme fraîche
Salz und Pfeffer aus der Mühle
Muskat
Thymian
Oregano
Petersilie

Die Butter in einen Topf geben, erhitzen und die kleingeschnittenen Frühlingszwiebeln hineingeben und dünsten. Mit Hühnerbrühe auffüllen und zum Kochen bringen.
Das in Würfel geschnittene Kürbisfleisch dazugeben und etwa 45 min kochen lassen.
Die Suppe pürieren.
Creme fraîche zugeben und mit Salz, Pfeffer, Muskat, Thymian und Oregano würzen.
Mit gehackter Petersilie bestreuen.

Kürbissuppe

600 g ausgelöstes Kürbisfleisch
1 Bund Suppengemüse
2 El Butter
2 El Mehl
500 ml Gemüsebrühe
500 ml Milch
Salz, Pfeffer
1/2 Bund Petersilie

Das Kürbisfleisch in kleine Würfel schneiden.
Das Suppengemüse waschen und klein schneiden.
Die Butter in einem Topf erhitzen und das Mehl einrühren.
Das Suppengemüse in die Mehlschwitze geben und mitrösten.
Mit Gemüsebrühe und Milch ablöschen.
Die Suppe etwa 30 min bei schwacher Hitze köcheln lassen.
Dann die Suppe pürieren, in Suppentassen füllen und mit gehackter Petersilie bestreuen.

Tomaten-Kürbis-Suppe

30 g Butter
1 Stange Porree
300 g Kürbisfleisch
6 Tomaten
1 l Hühnerbrühe
Salz und Pfeffer aus der Mühle
Thymian
2 EL saure Sahne
Petersilie

Butter in einen Topf geben, darin den geputzten und in Ringe geschnittenen Porree geben und andünsten.

Das kleingeschnittene Kürbisfleisch zugeben und mitdünsten.

Die in Wasser erhitzten und enthäuteten Tomaten zugeben. Mit Hühnerbrühe auffüllen und etwa 25 min köcheln lassen.

Die Suppe pürieren, mit Salz, Pfeffer und Thymian würzen, die saure Sahne zugeben und mit gehackter Petersilie bestreuen.

Kürbis-Lauch-Suppe

400 g Kürbisfleisch
1 Zwiebel
1 Möhre
2 Stangen Lauch
1 El Butter
1 l Gemüsebrühe
Salz und Pfeffer aus der Mühle
100 ml Sahne

Das Kürbisfleisch grob raspeln.
Die Zwiebel abziehen und fein hacken.
Die Möhre putzen und grob raspeln.
Den Lauch putzen und in Ringe schneiden.
Die Butter erhitzen und die Zwiebel und das Kürbisfleisch darin anbraten.
Möhre, Lauch, Gemüsebrühe, Salz und Pfeffer zugeben und etwa 20 min bei schwacher Hitze garen.
Vom Herd nehmen, die Sahne unterrühren und erhitzen, jedoch nicht mehr kochen.

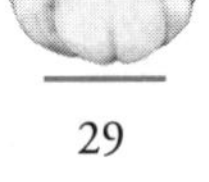

Warme Kürbissuppe mit Petersilie

1 kg ausgelöstes Kürbisfleisch
1 l Wasser
1 TL Salz
1 TL Zucker
2 Nelken
Saft einer halben Zitrone
70 g Butter
1 Strauß Petersilie

Das Kürbisfleisch in kleine Würfel schneiden.
Diese in einen Topf mit Wasser geben und zum Kochen bringen.
Mit Zucker und Salz würzen.
Nelken zugeben.
Etwa eine halbe Stunde kochen lassen.
Die Masse durch ein Sieb drücken, Zitronensaft und Butter zugeben. Salzen.
Mit gehackter Petersilie bestreuen.

Kürbis-Käse-Kartoffelsuppe

400 g Kürbisfleisch
400 g Kartoffeln
50 g Butter
1 Stange Porree
1 l Gemüsebrühe
Salz und Pfeffer aus der Mühle
125 g Schmelzkäse
3 El Sauerrahm
Schnittlauch
50 g Parmesan

In einem Topf die Butter auslassen, den geputzten und in Ringe geschnittenen Porree hineingeben und dünsten. Die geschälten und gewürfelten Kartoffeln und den in kleine Stücke geschnittenen Kürbis zugeben und kurz mitdünsten.
Mit Gemüsebrühe auffüllen und etwa 25 Minuten kochen lassen.
Die Suppe pürieren, mit Salz und Pfeffer würzen.
Den Schmelzkäse zugeben, verrühren und aufkochen lassen.
Sauerrahm zugeben, mit Schnittlauch und Parmesan bestreuen.

Kürbis-Hühnersuppe

1 kleines Suppenhuhn
2 EL Salz
750 g Kürbisfleisch
250 ml Sahne
Salz und Pfeffer aus der Mühle
2 TL Curry

Das Huhn sorgfältig waschen und säubern, in einen Topf mit Wasser geben, zum Kochen bringen, abschäumen, salzen und etwa 70 min kochen lassen.
Das Huhn herausnehmen und das Fleisch sorgfältig von den Knochen lösen.
Die Suppe entfetten.
In die Suppe das kleingeschnittene Kürbisfleisch geben, etwa 25 min kochen, pürieren.
Die Sahne hinzugeben, mit Salz, Pfeffer und Curry würzen.
Das losgelöste Fleisch vom Huhn kleinschneiden und in die Suppe geben.

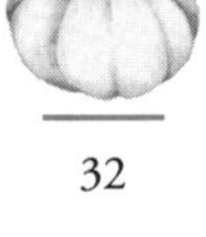

Kürbis-Möhren-Suppe

400 g ausgelöstes Kürbisfleisch
200 g Möhren
1 Zwiebel
2 El Butter
Currypulver
3 El Weizenvollkornmehl
1 l Gemüsebrühe
Salz, Pfeffer
4 El Crème fraîche

Das Kürbisfleisch in kleine Würfel schneiden.
Die Möhren putzen und grob raspeln.
Die Zwiebel abziehen und fein hacken.
Die Butter in einem Topf erhitzen und die Zwiebel darin andünsten.
Kürbis und Möhren zugeben.
Currypulver und Weizenvollkornmehl einstreuen und mit anschwitzen.
Mit Gemüsebrühe ablöschen und die Suppe etwa 10 min kochen lassen. Pürieren.
Die Suppe mit Salz und Pfeffer abschmecken.
Kurz vor dem Servieren Crème fraîche einrühren.

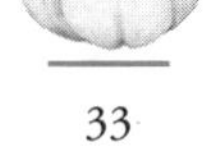

Kürbiscremesuppe mit Porree

500 g Kürbisfleisch
2 Schalotten
1 Stück Ingwer
2 El Olivenöl
1 EL Zucker
250 ml Weißwein
250 ml Gemüsebrühe
125 ml Sahne
Salz, Pfeffer
Muskat
1 Stange Porree
1 EL Butter

Das Kürbisfleisch in Würfel schneiden.
Die Schalotten abziehen und fein hacken.
Ingwer schälen und würfeln.
Kürbis, Schalotten und Ingwer in heißem Öl etwa 10 min dünsten.
Den Zucker einrühren.
Wein und Gemüsebrühe dazugeben und 30 min garen lassen.
Die Suppe pürieren, kurz abkühlen lassen und dann die Sahne zugeben.

Nochmals kurz aufkochen lassen und mit
Salz, Pfeffer und Muskat abschmecken.
Den Porree waschen, in schmale Ringe schneiden
und in erhitzter Butter dünsten.
Die Porreeringe zur Suppe geben.

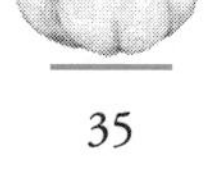

Nordische Kürbis-Krabben-Suppe

3 El Olivenöl
1 Zwiebel
500 g Kartoffeln
500 g Kürbisstücke
1 l Gemüsebrühe
Salz
Pfeffer
Estragon
250 ml Sahne
200 g Nordseekrabben

Das Olivenöl in einen Topf geben und erhitzen.
Die geschälte und kleingewürfelte Zwiebel dazugeben und glasig dünsten.
Die geschälten, geviertelten und gewaschenen Kartoffeln und die kleingeschnittenen Kürbisstückchen dazugeben und mitdünsten.
Mit Gemüsebrühe ablöschen.
Mit Salz, Pfeffer und Estragon würzen.
Etwa 20 min kochen lassen.
Die Suppe pürieren, Sahne zugeben. Aufkochen lassen.
Die Krabben zugeben und ziehen lassen.

Kürbis-Schalotten-Suppe

500 g ausgelöstes Kürbisfleisch
50 g Schalotten
50 g Butter
200 ml Gemüsebrühe
Salz und Pfeffer aus der Mühle
Zucker
200 ml Crème fraîche
10 Amaretti

Das Kürbisfleisch raspeln.
Die Schalotten abziehen und fein hacken.
Die Butter in einem Topf erhitzen und die Schalotten darin glasig dünsten.
Die Kürbisraspeln zugeben und kurz mitdünsten lassen.
Mit Gemüsebrühe auffüllen und so lange kochen lassen, bis der Kürbis weich ist.
Mit Salz, Pfeffer und Zucker würzen.
Die Crème fraîche unterrühren.
Die Suppe in Suppenteller füllen und mit zerbröselten Amaretti bestreuen.

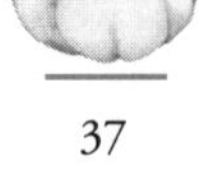

Kürbiscremesuppe mit Knoblauchcroutons

50 g Butter
2 Zwiebeln
1 kg ausgelöstes Kürbisfleisch
1 1/2 l Gemüsebrühe
1 Becher saure Sahne
Pfeffer, Salz
100 ml Weißwein
Olivenöl
1 Knoblauchzehe
2 Scheiben Weißbrot
Petersilie

Butter in einen Topf geben, erhitzen, die kleingewürfelten Zwiebeln zugeben und andünsten.
Den Kürbis in kleine Stückchen schneiden und in den Topf geben.
Mitdünsten lassen. Mit Gemüsebrühe auffüllen.
Etwa 30 min köcheln lassen.
Die Suppe pürieren, saure Sahne hineingeben und mit Pfeffer und Salz abschmecken.
Etwas Weißwein zugeben.

Im einer Pfanne Oliveröl auslassen, eine Knoblauchzehe ausdrücken, darin das gewürfelte Weißbrot von allen Seiten gut rösten.
Auf die Suppe geben.
Mit Petersilie bestreuen.

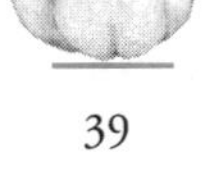

Feine Kartoffel-Kürbis-Suppe

500 g Kürbis
500 g Kartoffeln
30 g Butterschmalz
1 Zwiebel
500 ml Hühnerbrühe
250 ml Sahne
1 Becher Kräuter Crème fraîche
Salz, Pfeffer
Estragon

Den Kürbis schälen, entkernen und in kleine Stücke schneiden.
Die Kartoffeln schälen, in kleine Würfel schneiden und abwaschen.
Butterschmalz in einen Topf geben, erhitzen.
Darin die geschälte und gewürfelte Zwiebel geben und glasig dünsten.
Kürbis- und Kartoffelstücke zugeben und mitdünsten.
Mit Hühnerbrühe auffüllen und 10-15 min schwach kochen lassen.
Die Suppe pürieren, Sahne und Kräuter Creme fraîche zugeben.

Die Suppe mit Salz, Pfeffer und Estragon abschmecken.

Überbackene Kürbissuppe

500 g ausgelöstes Kürbisfleisch
1 Zwiebel
2 El Butter
500 ml Gemüsebrühe
200 ml Milch
200 ml Sahne
Salz und Pfeffer aus der Mühle
4 Scheiben Weißbrot
100 g Gauda

Das Kürbisfleisch in Würfel schneiden.
Die Zwiebel abziehen und in kleine Würfel schneiden.
Im einem Topf Butter erhitzen und Kürbis- und Zwiebelwürfel darin andünsten.
Gemüsebrühe und Milch zugeben und alles 20-30 min kochen lassen, bis das Kürbisfleisch weich ist.
Vom Herd nehmen, pürieren, wieder in den Topf füllen und erneut erhitzen.
Die Sahne dazugeben und weitere 5 min köcheln lassen.
Mit Salz und Pfeffer würzen.

Das Weißbrot im Toaster oder im Backofen bei 225 °C etwa 10 min rösten und dann in Stücke schneiden.
Die Suppe in feuerfeste Tassen füllen.
Die Weißbrotstücke auf die Suppe geben und mit geriebenem Käse bestreuen.
Im vorgeheizten Backofen bei 225 °C etwa 10 min überbacken.

Kürbissuppe mit Wiener Würstchen

1 kg Kürbis
50 g Butter
500 ml Fleischbrühe
Salz und Pfeffer
Zucker
Weinessig
4 Wiener Würstchen
Schnittlauch

Den Kürbis schälen, die Kerne entfernen und das Kürbisfleisch in kleine Würfel schneiden.
Die Butter in einen Topf geben, erhitzen und die Kürbiswürfel darin dünsten.
Mit Fleischbrühe aufgießen und etwa 15 min kochen lassen.
Einen Teil der Kürbiswürfel herausnehmen, die Suppe pürieren, Kürbiswürfel wieder zugeben.
Die Suppe mit Salz, Pfeffer und Zucker abschmecken, mit Weinessig verfeinern.

Die kleingeschnittenen Würstchen in die Suppe geben, ziehen lassen.
Mit Schnittlauchröllchen bestreuen.

Orangen - Kürbissuppe

30 g Butter
1 Zwiebel
500 g Kürbisfleisch
Salz, Pfeffer
1 TL Curry
1 TL Ingwer
1 l Gemüsebrühe
0,2 l frischer Saft von Orangen
3 EL Sauerrahm
Schale einer halben Orange (abgerieben)

Die Butter in einen Topf geben, erhitzen, die klein-gewürfelte Zwiebel zugeben und dünsten.
Das kleingeschnittene Kürbisfleisch zugeben und mitdünsten.
Mit Salz, Pfeffer, Curry und Ingwer würzen.
Mit Gemüsebrühe ablöschen und etwa 25 Minuten auf schwacher Hitze kochen lassen.
Die Suppe pürieren.
Orangensaft zugeben.
Aufkochen lassen und Sauerrahm unterheben.
Mit Orangenschalenstreifen garnieren.

Einfache süße Kürbiskaltschale

1 Kürbis (etwa 1 kg)
1 l Wasser
75 g feiner Zucker
2 Nelken
50 g Butter
1 Becher Schlagsahne
Saft einer Orange
Salz
Ingwerpulver

Den Kürbis schälen, Kerngehäuse entfernen und das Fruchtfleisch in Würfel schneiden.
Das Kürbisfleisch in einen Topf mit Wasser geben und zum Kochen bringen.
Zucker, Nelken und Butter zugeben.
Etwa eine halbe Stunde kochen lassen.
Die Masse durch ein Sieb drücken und aufkochen lassen.
Sahne und Orangensaft zugeben.
Mit Salz und Ingwer abschmecken.
Kalt stellen und servieren.

Salate

Kürbis-Kartoffelsalat

1 kg Kartoffeln
2 TL Salz
500 g Kürbisfleisch
2 EL Sonnenblumenöl
Salz
2 EL Essig
2 EL Öl
4 EL Orangensaft
Curry
Salz
Pfeffer

Die Kartoffeln waschen, mit der Schale in Salzwasser etwa 30 min kochen. Abschrecken und abpellen. In Scheiben schneiden und in eine Salatschüssel geben.
Die Kürbisstücke mit dem Gemüsehobel reiben und in der Pfanne mit Öl kurz andünsten.
Salz und Curry hinzugeben.
Abkühlen lassen und zu den Kartoffeln geben.
Aus Essig, Öl, Orangensaft, Curry, Salz und Pfeffer eine Sauce anrühren und über den Salat geben.

Kürbis-Sellerie-Salat

400 g ausgelöstes Kürbisfleisch
3 Stangen Sellerie
50 g Meerrettichwurzel
4 El Obstessig
4 El Gemüsebrühe
1 El Orangensaft
Salz und Pfeffer aus der Mühle
Petersilie

Das Kürbisfleisch grob raspeln.
Den Sellerie in dünne Scheiben schneiden.
Den Meerrettich schälen und grob raspeln.
Aus Essig, Gemüsebrühe, Orangensaft, Salz und Pfeffer eine Sauce herstellen.
Kürbis, Sellerie, Meerrettich mit der Salatsauce vermischen.
Die Petersilie fein hacken und über den Salat geben.

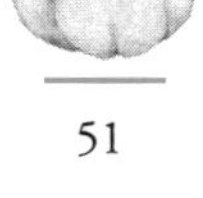

Kürbis-Birnen-Salat

300 g ausgelöstes Kürbisfleisch
2 Birnen
Saft einer Zitrone
1 TL Honig
Salz und Pfeffer aus der Mühle
2 EL Obstessig
2 EL Crème fraîche
4 EL naturtrüber Apfelsaft
2 EL Öl
3 EL Kürbiskerne

Das Kürbisfleisch raspeln.
Die Birnen schälen, vom Kerngehäuse befreien und ebenfalls raspeln.
Kürbis- und Birnenraspel in einer Schüssel vermengen.
Aus Zitronensaft, Honig, Salz, Pfeffer, Obstessig, Crème fraîche, Apfelsaft und Öl eine Sauce herstellen. Diese über den Salat geben.
Die Kürbiskerne ohne Fett anrösten und über den Salat geben.

Salat mit Kürbis und Äpfeln

5 Äpfel
Saft einer halben Zitrone
400 g ausgelöstes Kürbisfleisch
125 g saure Sahne
3 EL Apfelsaft
50 g Haselnüsse (gehackt)

Die Äpfel waschen, vierteln, entkernen und in kleine Stücke schneiden.
Mit Zitronensaft beträufeln.
Das Kürbisfleisch mit einem Gemüsehobel raspeln.
Apfelstückchen und Kürbisraspeln vermischen und in eine Schüssel geben.
Saure Sahne mit Apfelsaft vermischen und über den Salat geben.
Mit gehackten Haselnüssen bestreuen.

Gemischter Obstsalat mit Kürbis

3 Äpfel
2 Orangen
1 Banane
250 g Weintrauben
250 g Kürbisfleisch
4 El Apfelsaft
2 El Zitronensaft
2 El Zucker
einige gehackte Walnüsse

Die Äpfel waschen, vierteln, entkernen und in Stücke schneiden.
Die Orangen schälen und filetieren.
Die Banane von der Schale befreien und in Scheiben schneiden.
Die Weintrauben waschen und von den Stielen befreien.
Das Kürbisfleisch würfeln.
Äpfel, Orangen, Bananen, Weintrauben und das Kürbisfleisch in einer Schüssel vermengen.
Aus Apfelsaft, Zitronensaft und Zucker eine Sauce erstellen. Diese über den Salat geben und ziehen lassen.
Mit gehackten Walnüssen bestreuen.

Kürbisrohkost
mit Äpfeln und Möhren

200 g Kürbisfleisch
200 g Möhren
2 Äpfel
Saft einer Zitrone
100 ml süße Sahne
50 g gehackte Haselnüsse

Das Kürbisfleisch, die geschabten Möhren und die vom Kerngehäuse befreiten Äpfel grob raspeln.
Die süße Sahne steif schlagen und mit dem Zitronensaft zu einer Creme verrühren.
Den Rohkostsalat mit der Creme mischen und mit gehackten Haselnüssen bestreuen.

Kürbis-Käse-Salat

300 g ausgelöstes Kürbisfleisch
300 g Kartoffeln
2 Schalotten
200 g würziger Käse
200 ml saure Sahne
3 EL Mayonnaise
1 TL Senf
Salz, Pfeffer
Zucker

Das Kürbisfleisch in kleine Würfel schneiden.
Die Kartoffeln schälen, nicht zu weich kochen, abkühlen lassen und in Würfel schneiden.
Die Schalotten abziehen und fein hacken.
Auch den Käse würfeln.
Kürbis, Kartoffeln, Schalotten und Käse in einer Schüssel vermengen.
Aus saurer Sahne, Mayonnaise, Senf, Salz, Pfeffer und einer Prise Zucker eine Sauce rühren.
Die Sauce über den Salat geben und alles gut vermengen.

Feldsalat mit gerösteten Kürbiskernen

500 g Feldsalat
2 El Kürbiskernöl
2 El Weinessig
2 El Wasser
Salz und Pfeffer
1 Messerspitze Zucker
50 g Kürbiskerne
Kresse

Den Feldsalat putzen, von den Wurzelstielen befreien, waschen und gut abtropfen lassen.
Aus Kürbiskernöl, Essig, Wasser, Salz und Pfeffer, sowie Zucker eine Soße herstellen.
Den Feldsalat in eine Schüssel geben und die Soße vorsichtig unterheben.
Die Kürbiskerne in einer beschichteten Pfanne kurz anrösten und über den Salat geben.
Mit Kresse bestreuen.

Bunter gemischter Salat mit Kürbis

500 g Kürbisfleisch
1/2 Schale Feldsalat
1/2 Schale Eichblattsalat
1/2 Schale Eisbergsalat
4 Tomaten
2 Paprikaschoten (rot, grün)
1 Bund Radieschen
3 El Rotweinessig
2 El Öl
2 El Wasser
1 TL Senf
Salz und Pfeffer aus der Mühle
Kresse

Das Kürbisfleisch in Würfel schneiden und kurz in kochendem Wasser garen. Abtropfen und abkühlen lassen.
Den Feldsalat putzen, waschen und abtropfen lassen.
Den Eichblattsalat putzen, waschen und abtropfen lassen.
Den Eisbergsalat putzen, waschen und abtropfen

lassen.
Salatblätter in portionsgerechte Stückchen zerteilen.
Die Tomaten waschen und achteln.
Die Paprikaschoten waschen, entkernen und in Streifen schneiden.
Die Radieschen putzen, waschen und in dünne Scheiben schneiden.
Kürbis, Salate, Tomaten, Paprika und Radieschen in eine Salatschüssel geben und vermischen.
Aus Essig, Öl, Wasser, Senf, Salz und Pfeffer eine Marinade herstellen.
Die Marinade vorsichtig in den Salat mischen.
Mit Kresse bestreuen.

Bunter Kürbis-Reis-Maissalat

250 g Reis
Salz
1 kleine Dose Mais
4 Tomaten
2 Paprika (grün)
100 g gekochter Hinterschinken
250 g Kürbisfleisch
2 EL Essig
3 EL Olivenöl
Saft einer halben Zitrone
1 TL Senf
Salz und Pfeffer aus der Mühle
1 Prise Zucker
Kresse

Den Reis in einen Topf mit kochendem Wasser geben, salzen, etwa 20 Minuten garkochen. Abschrecken, in ein Sieb geben und abtropfen lassen.
Den Mais abschütten.
Die Tomaten vierteln, Kerngehäuse entfernen und in kleine Würfel schneiden.

Die Paprika putzen, Kerne entfernen und würfeln.
Den Schinken in Streifen schneiden.
Das Kürbisfleisch in Wasser kurz aufkochen, abschrecken und abtropfen lassen. Mit einer Reibe raspeln.
Reis, Mais, Tomaten, Paprika, Schinken und Kürbis in eine Schüssel geben und gut verrühren.
Aus Essig, Öl, Zitronensaft, Senf, Salz, Pfeffer und Zucker eine Soße herstellen.
Über den Salat geben und durchziehen lassen.
Mit Kresse bestreuen.

Rucolasalat mit Specksauce, Kürbiskernen und Räucherlachs

1 Rucolasalat
100 g Schinkenspeck (gewürfelt)
4 Frühlingszwiebeln
2 El Essig
2 El Öl
2 El Wasser
1 TL Senf
Salz und Pfeffer aus der Mühle
30 g Kürbiskerne
200 g Räucherlachs in Scheiben
Kresse

Den Salat putzen, waschen und abtropfen lassen.
Im portionsgerechte Stücke teilen und auf 4 Tellern anrichten.
Gewürfelten Schinkenspeck in der Pfanne auslassen und kross braten.
Frühlingszwiebeln zugeben und mitdünsten.
Aus Essig, Öl, Wasser, Senf, Pfeffer und Salz eine Marinade erstellen.
Diese über den Salat träufeln und mit Kürbiskernen bestreuen.

Darauf den Räucherlachs legen.
Die Schinkenspeckmasse darüber geben und
den Salat mit Kresse bestreuen.

Hauptgerichte

Lachsfilets im Kürbismantel

4 Lachsfilets
Saft einer halben Zitrone
Salz und Pfeffer
Butter zum Einfetten
30 g Butter
4 Frühlingszwiebeln
250 g ausgelöstes Kürbisfleisch
125 g saure Sahne
Salz und Pfeffer
50 g Parmesankäse
100 ml Weißwein (Riesling)

Die Lachsfilets abwaschen, trockentupfen, mit Zitronensaft beträufeln und mit Salz und Pfeffer würzen.
In eine gefettete Auflaufform geben.
In einer Pfanne Butter auslassen, die klein-geschnittenen Frühlingszwiebeln dünsten, das sehr klein geschnittene Kürbisfleisch dazu-geben und mitdünsten lassen.
Die saure Sahne zugeben und mit Salz und Pfeffer würzen.

Die Kürbismasse auf den Lachsfilets verteilen, mit Parmesan bestreuen und im vorgeheizten Backofen bei 175°C etwa 25 min garen. Zwischendurch etwas Weißwein zugeben.

Fleisch-Gemüsespieße mit Kürbis und Zucchini

400 g Schweinebraten
1 Zucchini
200 g ausgelöstes Kürbisfleisch
Salz
2 Paprika (rot)
2 Zwiebeln
Schaschlikspieße
4 El Olivenöl
1 TL Paprika (süß)
Salz und Pfeffer aus der Mühle

Das Fleisch waschen, in etwa 1,5 cm breite Streifen schneiden, dann nochmals in ca. 4-6 Stücke schneiden.
Den gewaschenen Zucchini ebenfalls in Streifen schneiden und das Kürbisfleisch in Würfel schneiden.
Kürbis und Zucchini in Salzwasser blanchieren.
Die Paprikaschoten halbieren, entkernen und in Streifen schneiden.
Die Zwiebeln abziehen und halbieren.
Fleisch, Zucchini, Kürbis, Paprika und Zwiebeln

abwechselnd auf die Schaschlikspieße schieben.
Olivenöl mit Salz, Pfeffer und Paprika vermischen.
Damit die Spieße einpinseln.
Im vorgeheizten Backofen bei 220°C etwa 30 min grillen.
Gelegentlich mit der Öl-Gewürzmischung bestreichen.

Hähnchenragout mit Kürbis

2 kleine Hähnchen
3 Zwiebeln
3 Knoblauchzehen
5 El Olivenöl
Salz, Pfeffer
Ingwerpulver
Zimt
125 ml trockener Weißwein
1 kg ausgelöstes Kürbisfleisch
2 El Honig

Die Hähnchen in kleine Teile zerlegen.
Die Zwiebeln abziehen und in Ringe schneiden.
Ebenfalls die Knoblauchzehen abziehen und in Scheiben schneiden.
Hähnchenteile in Öl goldbraun braten. Herausnehmen und rundum mit den Gewürzen bestreuen.
Zwiebeln und Knoblauch im verbliebenen Bratenfett glasig dünsten. Mit Wein ablöschen und aufkochen.
Gebratene Hähnchenteile einlegen und zugedeckt 1 Stunde bei kleiner Hitze schmoren lassen.
Inzwischen das Kürbisfleisch würfeln und in

restlichen Olivenöl andünsten. Zugedeckt etwa 30 min köcheln lassen. Ab und zu umrühren. Den Kürbis pürieren, wieder auf den Herd stellen und auf kleiner Hitze etwas einkochen lassen. Mit Salz, Pfeffer, Zimt und Honig abschmecken. Das Kürbismus über das Hähnchenragout verteilen.

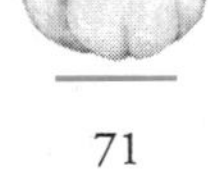

Risotto mit Kürbis und Gehacktem

3 EL Olivenöl
250 g Reis
500 ml Gemüsebrühe
3 EL Olivenöl
250g Gehacktes halb und halb
1 Zwiebel
2 EL Tomatenmark
Salz und Pfeffer aus der Mühle
250 g ausgelöstes Kürbisfleisch
Curry, Salz, Pfeffer

Olivenöl in einen Topf geben, den Reis zugeben und dünsten.
Mit Gemüsebrühe ablöschen und etwa 25 min köcheln lassen.
Olivenöl in eine Pfanne geben, erhitzen und das Gehackte und eine kleingewürfelte Zwiebel anbraten.
Etwas Tomatenmark zugeben.
Mit Salz und Pfeffer würzen.
Das Gehackte und die kleingeschnittenen Kürbis-

stücke zum Reis geben.
Mit Curry, Salz und Pfeffer würzen.

Schweinegulasch mit Kürbis

500 g Schweinefleisch
2 Zwiebeln
Zitronensaft
1 El Currypulver
500 ml Gemüsebrühe
800 g ausgelöstes Kürbisfleisch
100 g Crème fraîche
Schnittlauch

Das Schweinefleisch in Würfel schneiden.
Die Zwiebeln abziehen und fein würfeln.
Die Fleischwürfel in heißem Fett anbraten, die Zwiebeln und das Currypulver dazugeben und kurz mitbraten.
Die Brühe und den Zitronensaft zum Fleisch geben und das Fleisch zugedeckt etwa 30 min bei schwacher Hitze garen lassen.
Inzwischen das Kürbisfleisch in Würfel schneiden.
Die Kürbiswürfel zum Fleisch geben, aufkochen und bei schwacher Hitze 15 min garen lassen.
Kurz vor dem Servieren die Crème fraîche unterrühren und den Gulasch mit Schnittlauchröllchen bestreuen.

Kürbiseintopf
mit Speck und Kartoffeln

500 g ausgelöstes Kürbisfleisch
1 Stange Porree
500 g Tomaten
500 g Kartoffeln
150 g Speck
Öl
3/4 l Gemüsebrühe
Zucker
Muskatnuß
Salz und Pfeffer

Das Kürbisfleisch würfeln. Den Porree in Ringe schneiden.
Die Kartoffeln schälen, Tomaten und Kartoffeln in Würfel schneiden.
Öl in einem Topf erhitzen, den Speck darin andünsten.
Kürbis und Porree hinzufügen.
Die Gemüsebrühe wird mit den Tomaten und Kartoffeln zum restlichen Gemüse geben.
20 min garen lassen.
Mit Zucker, Muskatnuß, Pfeffer und Salz abschmecken.

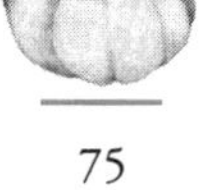

Rindfleisch-Kürbis-Tomaten Eintopf

700 g Rindfleisch
1 TL Salz
700 g Kürbis
2 El Speiseöl
1 Zwiebel
5 Tomaten
300 ml Gemüsebrühe
Salz, Pfeffer
Petersilie

Das Rindfleisch gut abwaschen, in einen Suppentopf mit Wasser geben. Zum Kochen bringen und abschäumen. Salzen. Gut 1 1/2 Stunden kochen lassen.
Das Fleisch herausnehmen, in Stückchen schneiden.
Den Kürbis schälen, entkernen und in Würfel schneiden.
Im einem Topf Öl erhitzen, die geschälte und gewürfelte Zwiebel hineingeben und glasig dünsten.
Die Kürbiswürfel hinzugeben und etwa 5-10

mit mitdünsten lassen.
Die Tomaten kurz in heißes Wasser legen, abschrecken, enthäuten, halbieren und Stengelansätze herausnehmen.
Tomaten zu den Kürbisstücken geben, ebenso das Fleisch und die Brühe.
Nochmals kurz durchkochen lassen.
Mit Salz und Pfeffer würzen und mit gehackter Petersilie bestreuen.

Kürbis-Bohnen-Eintopf

200 g rote Bohnen (aus der Dose)
1 Schalotte
2 Knoblauchzehen
Salz
4 EL Olivenöl
1 Tomate
1 EL Tomatenmark
1 rote Pfefferschote
Thymian
Rosmarin
Petersilie
500 g Kürbis
Salz
2 EL Rotweinessig
2 EL gehackte Petersilie
Pfeffer aus der Mühle

Schalotte und Knoblauchzehen abziehen und fein hacken.
Beides in 1 Eßlöffel erhitztem Olivenöl andünsten und salzen.
Bohnen hinzugeben und mitdünsten.
Tomatenviertel, Tomatenmark, Pfefferschote und klein-

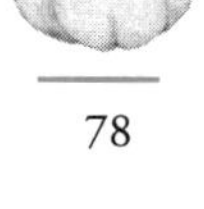

gehackte Kräuter beigeben.
Mit 250 ml Wasser aufgießen und die Bohnen zugedeckt 30-40 min bei kleiner Hitze garen.
Inzwischen das Kürbisfleisch in lange Spalten schneiden. Diese von beiden Seiten leicht salzen und etwas ziehen lassen. Dann trocknen und in den restlichen 3 Eßlöffeln Öl goldbraun braten.
Die Bohnen mit Essig, Salz und Pfeffer abschmecken und den gebratenen Kürbis darauf anrichten.
Mit gehackter Petersilie bestreuen.

Kürbis-Reis-Topf

500 g ausgelöstes Kürbisfleisch
3 EL Butter
250 ml Weißwein
2 Schalotten
2 EL Olivenöl
250 g Reis
500 ml Gemüsebrühe
Salz, Pfeffer
2 Lorbeerblätter
50 g geriebener Parmesan
Muskat
gehackte Petersilie

Das Kürbisfleisch in Würfel schneiden. 1 Eßlöffel Butter in einem Topf erhitzen und die Kürbiswürfel darin andünsten.
125 ml Wein dazugießen und zugedeckt bei kleiner Hitze weich garen. Herausnehmen und abtropfen lassen.
Die fein gehackten Schalotten in 1 Eßlöffel Butter glasig dünsten.
Den Reis zufügen und kurz mitdünsten lassen.
Mit dem restlichen Wein ablöschen und einkochen

lassen.
Nach und nach die heiße Brühe dazugießen, so daß der Reis immer nur knapp mit Flüssigkeit bedeckt ist.
Mit Salz, Pfeffer und Lorbeer würzen.
Den Reis bei schwacher Hitze ca. 25 min köcheln lassen, dabei öfter umrühren.

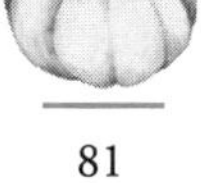

Kürbis-Porree-Auflauf

4 Stangen Porree
1 kg Kürbis
Butter zum Einfetten
Salz und Pfeffer
Muskat
1/4 l Sahne
200 g geriebener Emmentaler

Den Porree putzen, waschen und in Ringe schneiden. Im kochendem Wasser etwa 10 Minuten kochen lassen. Abtropfen lassen.
Den Kürbis schälen, entkernen und in Stücke schneiden.
Den Kürbis etwa 10 Minuten kochen lassen. Abtropfen lassen.
Porree und Kürbis in eine gefettete Auflaufform geben, mit Salz, Pfeffer und Muskat würzen.
Sahne zugeben und mit dem geriebenen Käse bestreuen.
Im vorgeheizten Backofen bei 200°C etwa 25 Minuten kochen.

Spagettikürbis mit Pesto

1 kg Spagettikürbis
1 TL Salz
1/2 Glas Pesto

Der Kürbis kurz abwaschen, einstechen und in Wasser mit Salz etwa 30 min kochen.
Dann den Kürbis der Länge nach halbieren, das Kerngehäuse entfernen und die Gemüsefäden herausziehen.
Auf einem Teller anrichten und mit Pesto garnieren.

Kürbis-Gurken-Gratin

600 g ausgelöstes Kürbisfleisch
200 g Gewürzgurken
400 ml Weißwein
Salz und Pfeffer aus der Mühle
Ingwerpulver
Saft einer halben Zitrone
1 El Butter
200 g saure Sahne
1/2 Bund Petersilie
2 Eier

Das Kürbisfleisch waschen und in Würfel schneiden.
Den Weißwein in einem Topf erhitzen und die Kürbisstücke darin bißfest kochen.
Mit Salz, Pfeffer und Ingwerpulver würzen.
Die Gurken in ca. 0,5 cm dicke Scheiben schneiden und mit Zitronensaft beträufeln.
Die Butter erhitzen und die Gurken ca. 5 min darin schmoren.
Eine Auflaufform ausfetten, die abgetropften Kürbiswürfel und die Gurkenscheiben hinein-

schichten.

Die Eier trennen. Das Eigelb mit der sauren Sahne verrühren.

Das Eiweiß steif schlagen und vorsichtig unterheben.

Die Eier-Sahne-Masse auf dem Auflauf verteilen, mit gehackter Petersilie bestreuen und im vorgeheizten Backofen bei 200°C etwa 15 min backen.

Kürbis-Kartoffel-Gratin mit Gorgonzola

1 kg Kartoffeln
1 EL Salz
500 g Kürbisfleisch
30 g Butter
Butter zum Einfetten
Salz und Pfeffer aus der Mühle
Oregano
Thymian
1/4 l Sahne
2 Eier
Salz und Pfeffer aus der Mühle
200 g Gorgonzola

Die Kartoffeln schälen und in hauchdünne Scheiben schneiden. Diese in kochendem Salzwasser kurz ankochen.
Den Kürbis schälen, entkernen und in Scheiben schneiden.
Butter in einer Pfanne auslassen und darin die Kürbisscheiben kurz andünsten.
Die Kartoffel- und Kürbisscheiben abwechselnd in einer gefetteten Auflaufform oder auf

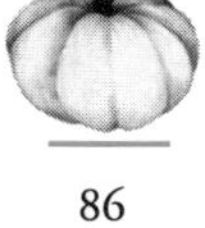

einem Backblech dachziegelartig schichten.
Mit Pfeffer und Salz, Oregano und Thymian würzen.
Sahne mit Eiern verquirlen, mit Salz, Pfeffer und Thymian würzen und über die Kartoffel-Kürbisschicht geben.
Den kleingeschnittenen Käse auflegen.
Im vorgeheizten Backofen bei 200°C etwa 30 min backen.

„Halloween-Gratin"

500 g Kürbisfleisch
250 ml Apfelsaft
1 Gewürznelke
3 Scheiben Ingwer
Salz
400 g Zucchini
30 g Butter
Salz, Pfeffer
50 g Sonnenblumenkerne
150 g Crème fraîche
4 Eigelb
Salz und Pfeffer

Das Kürbisfleisch in Würfel schneiden.
Der Apfelsaft mit den Ingwerscheiben, der Gewürznelke und einer Prise Salz erhitzen.
Die Kürbiswürfel darin etwa 5 min garen. Abtropfen lassen.
Die Zucchini waschen, die Enden abschneiden und in längliche Stücke schneiden.
Butter in einer Pfanne erhitzen und die Zucchinistücke darin kurz anbraten.
Mit Salz und Pfeffer würzen.

Die Sonnenblumenkerne in einer Pfanne ohne Fett anrösten.
Kürbiswürfel und Zucchinistücke in eine Auflaufform geben und die gerösteten Sonnenblumenkerne darüberstreuen.
Crème fraîche, Eigelb, Salz und Pfeffer verrühren.
Die Masse über den Auflauf geben.
Den Auflauf im nicht vorgeheizten Backofen bei 200-220°C etwa 25 min backen.

Schinken-Kürbis-Auflauf

500 g Kürbis
Öl
250 ml Gemüsebrühe
Öl zum Einfetten
125 g Schinkenwürfel (geräuchert)
4 Eier
Salz und Pfeffer aus der Mühle
Majoran

Den Kürbis schälen, entkernen und in Stücke schneiden.
Öl in einen Topf geben, erhitzen, die Kürbisstücke zugeben, dünsten.
Mit Gemüsebrühe auffüllen und etwa 10 min kochen lassen.
Eine Auflaufform einfetten, darin die Kürbismasse geben.
Die Schinkenwürfel zugeben.
Die Eier in eine Schüssel geben, mit Salz, Pfeffer und Majoran verquirlen. Dieses über den Auflauf gießen.
Im vorgeheizten Backofen bei 200 °C etwa 20 min goldbraun backen.

Gemüsespieß mit Hähnchenbrust

4 Holz - oder Metallspieße
300 g Kürbis
4 Zwiebeln
4 Paprika (grün)
4 Hähnchenbrustfilets

Den Kürbis schälen, entkernen und in Stücke schneiden.
Die Zwiebeln schälen und halbieren.
Die Paprika putzen, entkernen und in Stücke schneiden.
Die Hähnchenbrustfilets waschen, trocken tupfen, in Stücke schneiden.
Abwechselnd Kürbis, Zwiebel, Paprika und Hähnchenbrust auf die Spieße schieben.
Öl und Curry verrühren. Damit die Spieße einpinseln.
Im Backofen bei 225°C etwa 25 min grillen.
Gelegentlich mit dem Öl/Currygemisch bepinseln.

Dazu schmeckt Reis und Salat

Kürbisauflauf mit Roquefort

1 kg Kürbis
Salz
1 Knoblauchzehe
1 TL Olivenöl
125 g Roquefort - Käse
100 ml Milch
100 ml Sahne
2 Eier
Salz und Pfeffer
Currypulver

Den Kürbis schälen, entkernen und in Stückchen schneiden. Das Kürbisfleisch kurz in kochendem Salzwasser blanchieren. Kalt abschrecken und in ein Sieb geben.
Eine Auflaufform mit einer Knoblauchzehe ausreiben, mit Olivenöl bestreichen.
Das Kürbisfleisch in die Auflaufform geben.
Den Roquefort - Käse darüber geben.
Milch, Sahne und Eier verquirlen, mit Salz, Pfeffer, Curry abschmecken und über den Kürbis geben.

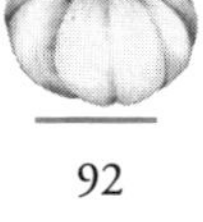

Im vorgeheizten Backofen bei 200°C etwa 30 Minuten überbacken.

Gefüllte Zucchini mit Hackfleisch

4 Zucchini
2 Zwiebeln
1 Brötchen (eingeweicht)
250 g Gehacktes (halb und halb)
½ Bund Petersilie
Salz und Pfeffer
1 TL Senf
1 TL Paprika (süß)
125 g geriebener Hartkäse

Die Zucchini waschen, Enden abschneiden und der Länge nach halbieren. Die Zucchinis aus-höhlen und die Masse in eine Rührschüssel geben.
Die Zwiebeln schälen, kochen und zugeben.
Ein eingeweichtes Brötchen ausdrücken und zugeben.
Ebenso das Gehackte, die gehackte Petersilie, Salz, Pfeffer, Senf und Paprika verrühren und in die Zucchinihälften füllen.
Mit geriebenem Käse bestreuen.

Im Backofen bei 200 °C etwa 30-45 min garen. Wenn die Zucchinis braun werden, mit Alufolie abdecken und Temperatur zurücknehmen.

Kürbisschnitzel

1 kg ausgelöstes Kürbisfleisch
Salz, Pfeffer
Butter
2 El Olivenöl
150 g Champignons
Zitronensaft
150 g Schalotten
1 Knoblauchzehe
1/2 Bund Petersilie
1 El Butter
abgeriebene Schale einer unbehandelten Zitrone
4 El geriebener Parmesan
4 El Semmelbrösel
Butter

Das Kürbisfleisch in breite Scheiben schneiden.
Die Kürbisscheiben beidseitig salzen und etwas ziehen lassen.
Die Kürbisscheiben nebeneinander in eine gefettete Auflaufform geben.
Mit Öl beträufeln und mit reichlich Pfeffer würzen.

Im vorgeheizten Backofen bei 200°C etwa 30 min backen.
Die geputzten Champignons fein hacken und mit dem Zitronensaft vermischen.
Schalotten, Knoblauchzehe und Petersilie ebenfalls fein hacken und mit den Pilzen zusammen in heißer Butter andünsten.
Mit Salz, Pfeffer und Zitronenschale würzen.
Die Masse über den Kürbisscheiben verteilen.
Geriebenen Käse, Semmelbrösel und Butterflocken darüberstreuen.
Die Kürbisschnitzel bei 225°C goldbraun backen.

Blätterteigquiche mit Zucchini

450 g Blätterteig (tiefgefroren)
4 Zucchini
3 EL Öl
2 Zwiebeln
2 Knoblauchzehen
Salz und schwarzer Pfeffer
Thymian
3 Eier
200 ml Sahne
125 g Emmentaler (gerieben)
Salz, Pfeffer, Muskat

Die Blätterteigplatten nebeneinander auf eine Arbeitsplatte legen und auftauen lassen.
Die Zucchini waschen, abtrocknen und in dünne Scheiben schneiden.
In eine Pfanne das Öl geben, erhitzen, die gewürfelten Zwiebeln und die kleingeschnittenen Knoblauchzehen hineingeben und dünsten.
Dann die Zucchinischeiben hineingeben und braten.
Mit Salz, Pfeffer und Thymian würzen.
Die Eier mit der Sahne verquirlen.

Den geriebenen Käse zugeben und mit Salz, Pfeffer und Muskat würzen.
Den Blätterteig an den Rändern übereinander-lappen, in eine gefettete Backform drücken und einen Rand an den Seiten belassen.
Den Teig mit einer Gabel mehrfach einstechen
Die Zucchini's auf dem Teig verteilen und dann das Sahne-Eier-Gemisch darübergeben.
Bei 200°C etwa 45 min im vorgeheizten Backofen backen.

Kürbisfüllung in Blätterteig

1 Päckchen Blätterteig
400 g ausgelöstes Kürbisfleisch
1 Zwiebel
2 El Olivenöl
1 Knoblauchzehe
Salz und Pfeffer aus der Mühle
1 Eigelb
3 El Parmesan
Petersilie

Die Blätterteigplatten auftauen lassen.
Inzwischen das Kürbisfleisch fein raspeln.
Die Zwiebel abziehen, fein hacken und in heißem Olivenöl andünsten.
Die Knoblauchzehe schälen und dazupressen.
Die Kürbisraspeln dazugeben und 10 min mitdünsten lassen.
Die Masse mit Salz und Pfeffer abschmecken.
Abkühlen lassen.
In die abgekühlte Kürbismasse Eigelb und geriebenen Parmesan rühren.
Die Kürbisfüllung auf den Blätterteigplatten verteilen, einen Rand lassen.

Jede Blätterteigplatte umklappen und zu einer Tasche formen. Die Ränder der Taschen festdrücken und mit einer Gabel einstechen.
Die Blätterteigtaschen mit Milch oder Eigelb bestreichen.
Im vorgeheizten Backofen bei 200°C etwa 15-20 min goldbraun backen.
Vor dem Servieren mit gehackter Petersilie bestreuen.

Rahm-Reibeplätzchen mit Kürbis

1 kg Kartoffeln
3 EL saure Sahne
1 Zwiebel
1 Ei
2 EL Gries
½ Päckchen Backpulver
2 EL Haferflocken
250 g Kürbisstücke
Salz
Gartenkräuter (z.B. Petersilie, Schnittlauch)
Öl zum Backen

Die Kartoffeln schälen und reiben.
Die Flüssigkeit abgießen.
Die saure Sahne, die kleingehackte Zwiebel, das Ei, den Gries, das Backpulver, die Haferflocken und den kurz in Wasser gekochten, abgegossenen und geriebenen Kürbis zugeben.
Mit Salz würzen.
Die kleingehackten Gartenkräuter unterheben und

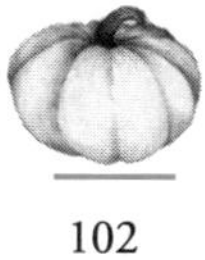

verrühren.
In die Pfanne Öl geben und kleine Reibe-plätzchen von beiden Seiten goldbraun backen.

Dazu wird Kürbismus und Apfelmus gereicht.

Kürbislasagne

400 g ausgelöstes Kürbisfleisch
200 g Porree
250 g Speisequark
1 TL Senf
2 Zwiebeln
4 EL Olivenöl
250 g Champignons
200 g gehäutete Tomaten
Salz, Pfeffer
8 Lasagneplatten
100 g Gauda

Die Lasagneplatten in Salzwasser bißfest kochen und einzeln auf einem Geschirrtuch ausbreiten.
Das Kürbisfleisch in Würfel schneiden.
Die Zwiebeln abziehen und fein hacken.
Kürbis und Zwiebeln in heißem Öl anbraten.
Abkühlen lassen.
Die Champignons in Würfel schneiden und den Porree in feine Ringe.
Beides in ca. 2 Eßlöffeln heißem Öl anbraten.

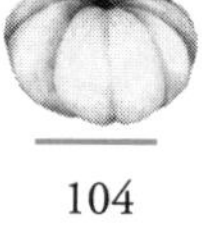

Mit Salz und Pfeffer würzen.

Quark, Senf, Salz und Pfeffer gut verrühren.

Das abgekühlte Kürbisgemüse in die Quarkmasse mischen.

Eine Auflaufform einfetten, dann abwechselnd Lasagneplatten und Kürbisgemüse in die Form schichten.

Obenauf die Champignon-Porree-Mischung verteilen.

Den geriebenen Käse auf dem Auflauf verteilen.

Den Auflauf im vorgeheizten Backofen bei 200°C etwa 25-30 min überbacken.

Bandnudeln mit Kürbissauce

500 g Bandnudeln
1 TL Salz
Olivenöl
1 Zwiebel
1 Knoblauchzehe
250 g Kürbisfleisch
200 ml Sahne
125 g Schmelzkäse
Salz und Pfeffer aus der Mühle
Thymian
50 g Parmesan

Die Bandnudeln in kochendem Salzwasser etwa 10-15 min garen. Abschrecken und abtropfen lassen.
In einen Topf das Öl geben.
Die kleingehackte Zwiebel und die kleingehackte Knoblauchzehe zugeben und dünsten.
Das kleingeschnittene Kürbisfleisch zugeben.
Mit Sahne auffüllen, kurz aufkochen lassen und pürieren.
Den Schmelzkäse zugeben, mit Salz, Pfeffer und

Thymian würzen und aufkochen lassen.
Die Sauce zu den Nudeln geben.
Mit Parmesan bestreuen.

Brotkuchen mit Kürbis

1 Gemüsebrühwürfel
600 ml Milch
400 g Graubrot (gewürfelt)
2 Eier
200 g Paniermehl
100 g Weizenmehl
1 Bund Petersilie (fein gehackt)
1 Bund Schnittlauch (geschnitten)
200 g durchwachsener Speck (gewürfelt)
200 g gekochter Schinken (gewürfelt)
2 Möhren (geraspelt)
200 g Kürbis (geraspelt)
Butter zum Einfetten
50 g Kürbiskerne

Den Brühwürfel in der heißen Milch auflösen. Damit die Brotwürfel übergießen. Fünf Minuten ziehen lassen.

Eier, Paniermehl und Mehl dazugeben und alles zu einem Teig verkneten.

Petersilie, Schnittlauch, Speck- und Schinkenwürfel, Möhren und Kürbisraspeln dazugeben und verkneten.

Eine Kuchenform mit Butter ausfetten und den Teig hineinfüllen.
Kürbiskerne in den Teig drücken.
Im vorgeheizten Backofen bei 160 °C etwa 40 min backen.

Kürbisplätzchen auf Feldsalat

350 g ausgelöstes Kürbisfleisch
250 g Kartoffeln
2 alte Brötchen
200 ml Milch
1 Zwiebel
Salz, Pfeffer
Paprikapulver
50 g Gauda
150 g Feldsalat
3 EL Öl
2 EL Obstessig
Salz, Pfeffer
Zucker
Schnittlauchröllchen

Die geschälten Kartoffeln bißfest kochen. Kartoffeln und Kürbisfleisch fein raspeln. Das Brötchen in warmer Milch einweichen. Die Zwiebel abziehen und fein hacken. Das Brötchen ausdrücken, mit Zwiebelwürfeln, Kartoffel- und Kürbisraspeln gut vermischen und mit Salz, Pfeffer und Paprikapulver würzen.

Aus dem Teig kleine Plätzchen formen und diese in geriebenen Käse wenden.
Die Plätzchen auf ein mit Backpapier ausgelegtes Backblech legen und bei 225°C etwa 15-20 min goldbraun backen.
Inzwischen den Feldsalat waschen und auf Tellern anrichten.
Aus Öl, Essig, Salz, Pfeffer, Zucker und Schnittlauchröllchen eine Vinaigrette rühren und diese über den Salat gießen.
Die Plätzchen aus dem Backofen nehmen, dazulegen und sofort servieren.

Ravioli mit Kürbissauce

400 g ausgelöstes Kürbisfleisch
300 g Tomaten
1 Zwiebel
2 El Olivenöl
100 ml Gemüsebrühe
Salz, Pfeffer
Parmesan
Basilikum
500 g Ravioli

Das Kürbisfleisch fein würfeln.
Die Tomaten kurz in kochendes Wasser halten, häuten und klein würfeln.
Die Zwiebel enthäuten und fein hacken.
Das Öl in einem Topf erhitzen, die Zwiebeln darin andünsten.
Das Kürbisfleisch, die Tomaten und die Gemüsebrühe hinzugeben.
Mit Salz und Pfeffer abschmecken und 10 min garen.
Die Ravioli in reichlich Salzwasser al dente garen.

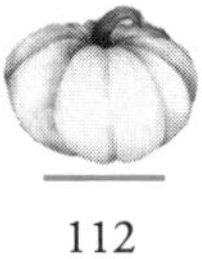

Die Ravioli mit der Kürbissauce auf Tellern anrichten.
Mit Parmesan und gehackten Basilikumblättern bestreuen.

Folienkartoffeln mit Kürbis-Oliven-Feta-Füllung

8 mittelgroße Kartoffeln
Alufolie
500 g ausgelöstes Kürbisfleisch
1 kleine Zwiebel
15 Oliven
200 g Fetakäse
4 El Crème fraîche
Salz und Pfeffer
Olivenöl

Die Kartoffeln waschen, in Alufolie einschlagen und im Backofen bei 200°C etwa 40 min backen.
Inzwischen das Kürbisfleisch raspeln.
Die Zwiebel abziehen und sehr fein hacken.
Die Oliven in grobe Streifen schneiden.
Den Fetakäse mit einer Gabel zerdrücken und mit Crème fraîche, Salz und Pfeffer zu einer Creme rühren. Die Creme mit Olivenöl geschmeidig rühren.
Die Creme mit Kürbis, Oliven und Zwiebel mischen und in einer Pfanne kurz erhitzen.
Die Folienkartoffeln mit der Kürbisfüllung servieren.

Westfälischer Pickert mit Kürbis

1 Päckchen Hefe
500 ml Milch
500 g Kürbisfleisch
2 Eier
500 g Weizenmehl
etwas Zucker
etwas Salz
Speiseöl

Die Hefe in 100 ml lauwarmer Milch auflösen.
Das Kürbisfleisch reiben und in eine Schüssel geben.
Eier, Mehl, Zucker und Salz zugeben und zu einer dickflüssigen Masse verrühren.
Die übrige Milch zugeben.
Die Hefe hinzufügen und kurz gehen lassen.
In einer Pfanne Öl erhitzen, die Masse portionsweise hineingeben und von beiden Seiten goldbraun backen.

Beilagen

Kürbis-Kartoffelplätzchen

300 g Kartoffeln
200 g Kürbisfleisch
1 Stange Porree
1 Zwiebel
2 Eier
100 g Gauda
100 g Mehl
2 EL saure Sahne
Schnittlauchröllchen
Salz, Pfeffer
Butter

Die Kartoffeln als Pellkartoffeln kochen, abkühlen lassen, schälen und zerdrücken.
Das Kürbisfleisch in Stücke schneiden, in Wasser kochen, abtropfen lassen und zerdrücken.
Den Porree in feine Ringe schneiden.
Die Zwiebel abziehen und fein hacken.
Kartoffeln, Kürbis, Porree, Zwiebeln und Eier gut mischen.
Geriebenen Käse, Mehl und saure Sahne unterrühren.
Mit Salz, Pfeffer und Schnittlauchröllchen würzen.

Falls die Masse zu fest ist, etwas Wasser zugeben.
In einer Pfanne die Butter erhitzen.
Pro Plätzchen einen Eßlöffel der Kürbismasse
in die Pfanne geben, etwas flach drücken und
bei nicht zu starker Hitze auf beiden Seiten
leicht braun braten.

Kürbis-Kartoffel-Porreeplätzchen

800 g Kartoffeln
250 g Kürbisstücke
1/2 Porreestange
Salz
2 Eier
5 El Sahne
2 El Milch
Salz
Muskatnuss
Olivenöl

Die Kartoffeln schälen, waschen und in Salzwasser garkochen.
Die Kürbisstückchen kurz in Salzwasser kochen, abtropfen lassen und mit einem Gemüsehobel fein reiben.
Den Porree putzen, waschen, in kleine Ringe schneiden und kurz in Salzwasser kochen.
Die Kartoffelmasse mit den Eiern, der Sahne, der Milch, dem Kürbis, dem Lauch vermengen und mit Salz und Muskatnuss würzen.
Die Masse etwa 1 Stunde ruhen lassen.

Aus dem Teig kleine flache Plätzchen formen und diese in heißem Olivenöl von beiden Seiten goldbraun backen.

Kartoffelpürée mit Kürbis

1 kg Kartoffeln
1 EL Salz
300 g ausgelöstes Kürbisfleisch
1 TL Salz
50 g Butter
etwas Milch

Die Kartoffeln schälen, in Salzwasser etwa 25 min garkochen, Wasser abgießen.
Das Kürbisfleisch kleinschneiden und in Salzwasser etwa 25 min kochen.
Das Kürbisfleisch zu den Kartoffeln geben, Butter und Milch zugeben und pürieren.

Kürbispuffer

200 g ausgelöstes Kürbisfleisch (fest)
1 Zwiebel
1 Knoblauchzehe
4 Eier
Salz, Pfeffer
75 g geriebener Hartkäse
2 EL Mehl
½ Bund Petersilie
Öl zum Braten

Festes Kürbisfleisch grob raspeln.
Die Zwiebel und den Knoblauch abziehen und fein hacken.
Die Eier mit Salz und Pfeffer verquirlen, Kürbis, Zwiebel, Knoblauch, Käse, Mehl und gehackte Petersilie zugeben und vermischen.
Das Öl in einer Pfanne erhitzen.
Der Teig portionsweise in die Pfanne geben und bei schwacher Hitze etwa 5 min stocken lassen.
Dann die Puffer wenden und von der anderen Seite knusprig backen.

Gebackener Kürbis

1 kg Kürbis
Salz, Pfeffer
1/8 l saure Sahne
2 Eigelb
100 g geriebener Käse
Schnittlauch
2 Eiklar
Paniermehl
Öl

Das ausgelöste Kürbisfleisch in Scheiben schneiden und leicht salzen.
Sahne mit Eigelb, Käse und gehacktem Schnittlauch verrühren.
Mit Salz und Pfeffer würzen.
Die Hälfte der Kürbisscheiben mit der Masse dick bestreichen. Die andere Hälfte der Kürbisscheiben darauflegen.
Die zusammengesetzten Kürbisscheiben in steif geschlagenem Eiklar und Paniermehl wenden und in heißem Öl goldgelb backen.

Gebackene Kürbisscheiben

1 kg Kürbisfleisch
Salz
Zitronensaft
3 El Mehl
Salz
3 Eier
Paniermehl
Öl

Das ausgelöste Kürbisfleisch in etwa 1 cm dicke Scheiben schneiden.
Die Kürbisscheiben mit Salz bestreuen und mit Zitronensaft beträufeln, 1/2 Stunde ziehen lassen.
Die Kürbisscheiben trocken tupfen.
Mehl mit Salz vermengen und die Kürbisscheiben darin wenden.
Danach in den verquirlten Eiern und zuletzt in Paniermehl wenden.
Das Öl in einer Pfanne erhitzen und die panierten Kürbisscheiben goldbraun backen.

Gebackener Kürbis

1 kg ausgelöstes Kürbisfleisch
Salz
Zitronensaft
4 EL Weizenvollkornmehl
2 TL Salz
4 Eier
Paniermehl
Öl zum Braten

Das Kürbisfleisch in etwa 1 cm dicke Scheiben schneiden und nebeneinander auf ein Brett legen.
Die Kürbisscheiben mit Salz bestreuen und mit Zitronensaft beträufeln und 1 Stunde ziehen lassen.
Danach mit etwas Küchenpapier trocken tupfen.
Das Mehl mit dem Salz vermengen und die Kürbisscheiben darin wenden.
Danach in den aufgeschlagenen Eiern und zuletzt im Paniermehl wälzen.
Die panierten Scheiben in einer Pfanne in heißem Öl goldbraun backen.

Einfaches Kürbisgemüse

800 g ausgelöstes Kürbisfleisch
Salz
40 g Butter
30 g Mehl
Salz und Pfeffer aus der Mühle
Saft einer Zitrone
Petersilie

Das Kürbisfleisch in ca. 1 cm große Stücke schneiden und diese in Salzwasser etwa 10 min kochen.
Die Butter erhitzen und das Mehl einrühren.
Die Mehlschwitze mit etwas Kürbiswasser ablöschen und mit Salz, Pfeffer und Zitronensaft abschmecken.
In dieser Sauce werden die Kürbisstücke etwa 15 min gekocht.
Das Kürbisgemüse mit gehackter Petersilie bestreuen.

Rahm-Kürbisgemüse mit Dill

800 g ausgelöstes Kürbisfleisch
Salz
40 g Butter
30 g Mehl
750 ml Milch
4 El Obstessig
4 El Sahne
2 El Dill

Das Kürbisfleisch in Stücke schneiden. Diese leicht salzen und ziehen lassen.
Die Butter erhitzen und das Mehl einrühren.
In die Mehlschwitze das abgetupfte Kürbisfleisch geben.
Die Milch zugießen und das Gemüse mit Essig und kleingehacktem Dill würzen.
Das Gemüse etwa 1 Stunde auf schwacher Hitze garen lassen.
Kurz vor dem Servieren die Sahne zugeben.

Kürbisgemüse mit Äpfeln

1 kg Kürbis
4 Äpfel
1 Stange Lauch
3 EL Olivenöl
100 ml Weißwein
Salz und Pfeffer
Zucker
1 TL Currypulver
Petersilie

Den Kürbis schälen, entkernen und in Stücke schneiden.
Die Äpfel schälen, vierteln, entkernen und in Stücke schneiden.
Den Lauch putzen, grün und Wurzeln entfernen und in Scheiben schneiden.
In einem Topf das Olivenöl auslassen, den Lauch dünsten, die Kürbis- und Apfelstücke hinzugeben und mitdünsten lassen.
Mit dem Wein ablöschen, Salz, Pfeffer, Zucker und Currypulver zugeben und etwa 10-15 min schwach kochen lassen.
Mit gehackter Petersilie bestreuen.

Kürbisgemüse „Badische Art"

600 g ausgelöstes Kürbisfleisch
2 Schalotten
1 Knoblauchzehe
Saft einer halben Zitrone
200 ml Crème fraîche
Salz, Pfeffer
Zucker
2 TL Meerrettich

Das Kürbisfleisch in kleine Würfel schneiden.
Die Schalotten abziehen und feinhacken und die Knoblauchzehe dazupressen.
Zitronensaft, etwas Salz und Zwiebelwürfel verrühren und die Kürbisstücke darin etwa 1 Stunde ziehen lassen.
Crème fraîche erhitzen und den abgetropften Kürbis darin etwa 10-15 min glasig kochen.
Das Gemüse mit Salz, Pfeffer und Zucker abschmecken.
Zuletzt den Meerrettich unterrühren.

Einfaches Klassisches Zucchinigemüse

2 El Olivenöl
1 Zwiebel
1 Knoblauchzehe
4 Zucchinis
200 ml Gemüsebrühe
Salz, Pfeffer
Oregano
Schnittlauch

Das Öl in eine Pfanne geben und erhitzen.
Die Zwiebel schälen, in Würfel schneiden und mit der ausgepreßten Knoblauchzehe bräunen.
Die in Streifen geschnittenen Zucchinis zugeben und unter Wenden bräunen.
Die Gemüsebrühe zugeben, mit Salz, Pfeffer und Oregano würzen und die Flüssigkeit langsam verdünsten lassen.
Mit Schnittlauchröllchen bestreuen und servieren.

Kürbis-Kokos-Gemüse

500 g ausgelöstes Kürbisfleisch
10 Babymaiskolben
2 Möhren
4 EL Öl
1 TL Ingwerpulver
200 ml Kokosmilch
Salz, Pfeffer
2 EL Kokosraspeln

Das Kürbisfleisch in kleine Würfel schneiden.
Die Babymaiskolben waschen und trocken tupfen.
Die Möhren waschen, schaben und in dünne Scheiben schneiden.
Das Öl in einer Pfanne erhitzen, Kürbis, Mais und Möhren hinzufügen.
Das Gemüse unter ständigem Rühren anbraten.
Dann die Kokosmilch dazugießen.
Das Gemüse so lange köcheln lassen, bis die Kokosmilch cremig eingekocht ist und das Gemüse weich ist.
Das Gemüse mit Ingwerpulver, Salz und Pfeffer abschmecken.

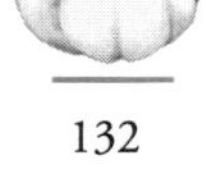

Das Kürbis-Kokos-Gemüse in eine Servier-
schale geben und mit Kokosraspeln bestreuen.

Dazu: Reis

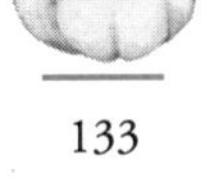

Kürbisgemüse
mit Räucherspeck und Äpfeln

1 kg ausgelöstes Kürbisfleisch
50 g Butter
500 ml Gemüsebrühe
1 Lorbeerblatt
1 Zwiebel
250 g Äpfel
3 El saure Sahne
125 g Räucherspeck
3 Zwiebeln
Salz
Zitronensaft
Petersilie

Das Kürbisfleisch in Würfel schneiden.
Butter in einem Topf erhitzen und die Kürbiswürfel darin andünsten.
Mit Gemüsebrühe auffüllen, Lorbeerblatt und die abgezogene Zwiebel hinzufügen und etwa 15 min auf kleiner Stufe köcheln lassen.
Dann die geschälten, vom Kerngehäuse befreiten und geviertelten Äpfel dazugeben.
Kürbis und Äpfel garen lassen.

Vom Herd nehmen und die saure Sahne dazugeben.
Den Räucherspeck würfeln, mit den abgezogenen, feingeschnittenen Zwiebeln anbraten und unter das Gemüse rühren.
Mit Salz und Zitronensaft würzen.
Petersilie klein hacken und über das Kürbisgemüse geben.

Italienische Kürbisscheiben

600 g ausgelöstes Kürbisfleisch
200 g Schafkäse
150 g saure Sahne
3 El gehacktes Basilikum
4 El Mehl
1 Ei
1 Eigelb
Paniermehl
4 El Olivenöl

Das Kürbisfleisch in etwa 0,5 cm dicke Scheiben schneiden.
Diese in kochendem Wasser 5 min garen lassen, dann abtropfen lassen.
Den Käse reiben und mit der sauren Sahne gut vermischen.
Gehacktes Basilikum unterrühren.
Die Hälfte der Kürbisscheiben dick mit der Käsemasse bestreichen und jeweils eine unbestrichene Kürbisscheibe darauflegen.
Die doppelten Kürbisscheiben zunächst in Mehl wenden.
Das Ei mit dem Eigelb verquirlen und die Kürbis-

scheiben auch darin wenden.
Die Scheiben zuletzt in Paniermehl wälzen.
Im heißen Olivenöl die Kürbisscheiben von
beiden Seiten goldbraun braten.

Einfaches Zucchinigemüse

3 El Olivenöl
1 Zwiebel
1 Knoblauchzehe
4 Zucchini
100 ml Gemüsebrühe
etwas Weißwein
Salz und Pfeffer aus der Mühle
Oregano
Schnittlauch

In eine Pfanne das Öl geben, erhitzen, die geschälte und kleingewürfelte Zwiebel zugeben und bräunen.
Die ausgepreßte Knoblauchzehe zugeben.
Die in dünne Scheiben geschnittenen Zucchini in die Pfanne geben und rundum bräunen.
Dabei wenden. Mit Gemüsebrühe auffüllen.
Mit Salz, Pfeffer und Oregano würzen.
Den Wein zugeben.
Etwa 10-15 min kochen. Flüssigkeit verdampfen lassen.
Gemüse herausnehmen und mit Schnittlauchröllchen bestreuen.

Kürbisdip mit Weißbrot

500 g ausgelöstes Kürbisfleisch
3 EL Olivenöl
1 Knoblauchzehe
1 kleine Zwiebel
Salz und Pfeffer aus der Mühle
Schnittlauchröllchen
8 Weißbrotscheiben

Das Kürbisfleisch in Würfel schneiden und in kochendem Wasser weich kochen.
Die Kürbiswürfel abtropfen lassen und mit dem Olivenöl pürieren.
Knoblauchzehe und Zwiebel abziehen und fein hacken. Dann unter die Kürbismasse rühren.
Mit Salz und Pfeffer würzen.
Die Weißbrotscheiben im Toaster oder im Backofen bei 225°C etwa 5 min rösten und dann mit dem Kürbisdip servieren.
Die Schnittlauchröllchen über den Kürbisdip streuen.

Kürbisrührei

4 Frühlingszwiebeln
Olivenöl
250 g ausgelöstes Kürbisfleisch
Salz und Pfeffer aus der Mühle
Thymian
4 Eier
3 EL Sahne
Salz, Pfeffer
Schnittlauch

Frühlingszwiebeln putzen, in kleine Ringe schneiden, in eine Pfanne mit Öl geben und dünsten.
Die kleingeschnittenen Kürbisstücke zugeben und mitdünsten. Mit Salz, Pfeffer und Thymian würzen. Einige Minuten mitdünsten lassen.
Die Eier mit der Sahne verquirlen, mit Salz und Pfeffer würzen und in eine Pfanne geben.
Stocken lassen und dabei umrühren.
Mit Schnittlauchröllchen bestreuen.

Desserts

Kürbis-Dessert mit Orangen

200 g ausgelöstes Kürbisfleisch
2 Orangen
1 Apfel
100 g Sahne
50 g Joghurt
1 TL Honig
Saft einer halben Zitrone

Das Kürbisfleisch in ca. 1 cm große Würfel schneiden. Die Orangen schälen, die weiße Innenhaut entfernen und die Orangenfilets aus den Spalten lösen. Die Äpfel schälen, das Kerngehäuse entfernen und das Fruchtfleisch klein würfeln.
Die Sahne steif schlagen, Joghurt, Honig und Zitronensaft unterrühren.
Das Obst auf Tellern anrichten und die Creme darübergießen.

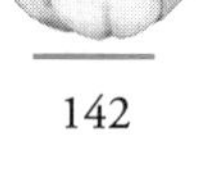

Kürbis-Preißelbeer-Kompott

400 g Preißelbeeren
200 g ausgelöstes Kürbisfleisch
200 g Zucker

Das Kürbisfleisch fein würfeln.
Kürbiswürfel und Preißelbeeren vermischen und zuckern.
Die Masse zum Kochen bringen und ohne weitere Stromzufuhr weich dünsten.
Bei härterem Kürbisfleisch noch einige Zeit auf Stufe 1 schalten.

Kürbiskompott

500 g ausgelöstes Kürbisfleisch
Saft einer Zitrone
geriebene Zitronenschale
Zimt
Ingwerpulver

Aus 1/4 l Wasser und dem Saft einer Zitrone eine Zuckerlösung bereiten.
Die Zuckerlösung zum Kochen bringen und das in Würfel geschnittene Kürbisfleisch zugeben.
Das Kürbisfleisch bei schwacher Hitze köcheln lassen bis es glasig wird.
Den Kürbis zerdrücken und mit geriebener Zitronenschale, Zimt und Ingwerpulver abschmecken.

Apfel-Kürbis-Kompott

1 kg Äpfel
250 g ausgelöstes Kürbisfleisch
200 ml Apfelsaft
1 Zimtstange
50 g Zucker

Die Äpfel schälen, vierteln, entkernen und in einen Topf geben.
Das Kürbisfleisch in kleine Stücke schneiden und zugeben.
Apfelsaft hinzugießen und zum Kochen bringen.
Zimtstange und Zucker zugeben und 25 min kochen lassen.
Die Zimtstange herausnehmen.
Die Masse pürieren und mit Zucker abschmecken.

Kürbis-Zimt-Mousse

100 g ausgelöstes Kürbisfleisch
2 Eigelbe
100 g Zucker
1 Päckchen Vanillinzucker
1 Eiweiß
200 ml süße Sahne
2 EL Zimtpulver
Mandelsplitter

Das Kürbisfleisch raspeln und im Backofen bei 200°C etwa 20 min garen.
Eigelbe, Zucker und Vanillinzucker verquirlen und diese Masse mit den Kürbisraspeln vermischen.
Die süße Sahne steif schlagen und unter die Kürbismasse heben.
Dann das Eiweiß steif schlagen und ebenfalls unter die Masse heben.
Das Kürbismousse mit Zimtpulver bestreuen und mit Mandelsplittern garnieren.

Kürbiseis

200 g Kürbisfleisch
100 ml Weißwein
2 Eier
1 Päckchen Vanillezucker
125 g Zucker
1 Messerspitze Zimt
250 ml Sahne

Das Kürbisfleisch in Stücke schneiden und mit etwas Weißwein etwa 20 min kochen.
Abkühlen lassen und dann pürieren.
Im Wasserbad die Eier schaumig schlagen.
Den Zucker und Vanillezucker hinzugeben und verrühren.
Etwas Zimt zugeben.
Die geschlagene Sahne vorsichtig unterheben.
Die Masse in eine Eismaschine geben oder in einer Gefrierform in die Tiefkühltruhe stellen.

Saucen

Kürbissauce

150 g ausgelöstes Kürbisfleisch
2 El Currypulver
1 El Öl
4 El naturtrüben Apfelsaft
Salz, Pfeffer
Zucker
100 ml Sahne

Das Kürbisfleisch grob raspeln.
Die Kürbisraspeln mit dem Currypulver in erhitzten Öl andünsten.
Den Apfelsaft dazugießen und den Kürbis weich kochen.
Die Sauce pürieren und mit Salz, Pfeffer und Zucker abschmecken.
Die Sauce erkalten lassen.
Dann die steifgeschlagene Sahne vorsichtig unterrühren.

Warme Currykürbissauce

3 EL Olivenöl
400 g ausgelöstes Kürbisfleisch
2 TL Curry
200 ml Orangensaft
etwas Wasser
5 EL saure Sahne
Salz und Pfeffer aus der Mühle

Olivenöl in einen Topf geben, erhitzen.
Dann die kleingeschnittenen Kürbisstücke geben.
Andünsten.
Mit Curry bestäuben.
Mit Orangensaft und Wasser ablöschen.
Aufkochen.
Die Sauce pürieren.
Mit saurer Sahne verrühren und mit Salz und Pfeffer abschmecken.

Marmeladen und Eingemachtes

Kürbismarmelade

1 kg Kürbisfleisch
250 g Zucker
Saft einer halben Zitrone
Ingwerpulver

Das ausgelöste Kürbisfleisch in Stücke schneiden.
Diese in wenig Wasser weichkochen.
Herausnehmen, abtropfen lassen und die Kürbisstücke pürieren.
Das Mus in einen Topf geben, Zucker hinzufügen und mit Zitronensaft und Ingwerpulver würzen.
Das Kürbismus zu einem dicken Brei einkochen lassen.
In Einmachgläser füllen.

Kürbis-Pfirsich-Marmelade

400 g ausgelöstes Kürbisfleisch
600 g Pfirsiche
1 kg Gelierzucker
Saft einer Orange
Saft einer halben Zitrone

Das Kürbisfleisch in kleine Würfel schneiden. Die Pfirsiche kurz in kochendes Wasser legen, herausnehmen, häuten, entsteinen und ebenfalls in kleine Würfel schneiden.
Den Gelierzucker und den Orangen-Zitronensaft vermischen und in einen Topf geben. Kürbis- und Pfirsichwürfel zugeben und alles zum Kochen bringen.
5 min kochen lassen. Wenn die Masse noch nicht weich ist, muß die Kochzeit verlängert werden.
Die Marmelade in Gläser mit Twist-off-Deckeln füllen und sofort verschließen.

Orangenkürbiskonfitüre mit Grand Manier

750 g ausgelöstes Kürbisfleisch
100 ml Orangensaft
abgeriebene Orangenschale
3 EL Grand Manier
500 g Gelierzucker

Das Kürbisfleisch mit dem Gemüsehobel fein reiben und in einen Topf geben.
Mit Orangensaft, abgeriebener Orangenschale und Grand Manier zum Kochen bringen.
Den Gelierzucker zugeben und 3 min kochen lassen.
Die Konfitüre in Gläser füllen und sofort verschließen.

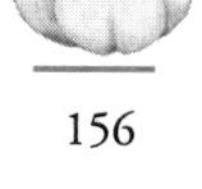

Eingekochter Kürbis

800 g ausgelöstes Kürbisfleisch
250 ml Weinessig
500 g Zucker
Gewürznelken
1 Zimtstange

Das ausgelöste Kürbisfleisch in Würfel schneiden.
Den Weinessig mit dem Zucker erhitzen, Zimt und einige Gewürznelken hinzufügen.
Darin die Kürbisstücke nicht zu weich kochen.
Den Kürbis in dem Saft etwa 24 Stunden ziehen lassen.
Danach das Essig-Zucker-Gemisch abgießen, einkochen lassen und kochend über die Kürbisstücke gießen.
Diesen Vorgang am folgenden Tag wiederholen.
Anschließend den Kürbis in Gläser füllen.

Süß-sauer eingelegter Kürbis

1,5 kg Kürbis
500 ml Essig (Obstessig)
500 g Zucker
Nelken
Zimtstangen

Das Kürbisfleisch in Würfel schneiden. Zusammen mit Essig, Zucker, Nelken und Zimtstangen aufkochen und in Twist-off-gläser füllen. Diese sofort verschließen, auf den Kopf stellen und abkühlen lassen.
Die Menge reicht für 6-7 kleine Gläser.

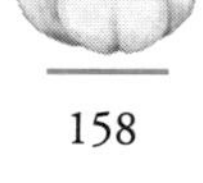

Eingemachtes Kürbispüree

als Basis für Saucen, Suppen …

1 kg ausgelöstes Kürbisfleisch
150 ml Apfelsaft

Das Kürbisfleisch würfeln. Mit wenig Apfelsaft in einem Topf etwa 25 min kochen.
Pürieren.
Das Püree in heiß ausgespülte Gläser füllen und sofort fest verschließen.

Eingemachter Kürbis mit Ingwer

(ein Rezept von Henriette Davidis)

1 kg Kürbisstücke
1 kg Zucker
2 g Ingwerpulver
2 g weißer Pfeffer (gemahlen)
1 Messerspitze Cayennepfeffer

Der Kürbis wird bis an das Fleisch abgeschält, durchgeschnitten, vom Kerngehäuse mit einem Eßlöffel vollständig befreit und in kleine Stücke geschnitten.
Diese läßt man, nachdem sie gewogen sind, in stark siedendem Wasser einmal aufkochen.
Dann lasse man sie auf einem Sieb ablaufen, lege sie in eine porzellanene Schüssel, streue die Gewürze und den geriebenen Zucker darüber und lasse sie über Nacht zugedeckt stehen.
Am nächstfolgenden Tag bringe man den Zuckersaft zum Kochen, lege den Kürbis hinein und lasse ihn nur eine kleine Weile darin kochen, bis er klar wird, weich aber darf er nicht werden.

Darauf fülle man ihn in ein Glas, koche den Saft sirupartig ein und gieße ihn darüber. Sollte der Saft nach einigen Tagen wieder dünn geworden sein, so wird er noch ein wenig eingekocht.

Brot und Backwaren

Orangenwaffeln mit Kürbis

125 g Butter
4 Eier
2 El Zucker
1 Päckchen Vanillinzucker
abgeriebene Orangenschale
2 El Orangenlikör
250 g Mehl
250 ml Milch
250 g ausgelöstes Kürbisfleisch
Fett für das Waffeleisen
250 ml Sahne
2 El Orangenlikör
abgeriebene Orangenschale

Die Butter in eine Rührschüssel geben und schaumig schlagen.
Eier, Zucker, Vanillinzucker, abgeriebene Orangenschale und Orangenlikör zugeben und verrühren.
Mehl und Milch unterheben.
Das Kürbisfleisch fein raspeln und zu dem Teig geben.
In das eingefettete Waffeleisen den Teig geben

und nacheinander die Waffeln backen.
Sahne schlagen, mit Orangenlikör beträufeln und mit abgeriebener Orangenschale bestreuen.
Zu den Waffeln reichen.

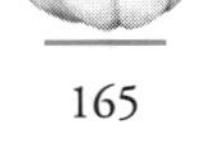

Einfache Zucchini-Kokos-Torte

250 g Zucchinis
50 g Butter
150 g Zucker
4 Eigelb
Saft einer halben Zitrone
Salz
125 g Kokosflocken
150 g Mehl
½ Päckchen Backpulver
4 Eiweiß
Butter zum Einfetten
50 g Puderzucker
etwas Wasser
125 g Kokosflocken

Die Zucchinis waschen, Enden abschneiden und mit einer Reibe zerkleinern.
Die Flüssigkeit abgießen.
Die Butter in einer Rührschüssel schaumig schlagen, Zucker, Eigelb, Zitronensaft, Salz und Kokosflocken unterrühren.
Mehl, Backpulver und die geriebene Zucchini

unterheben.
Eiweiß schlagen und vorsichtig zugeben.
Den Teig in eine gefettete Kuchenform geben und im vorgeheizten Backofen bei 175°C etwa 45 Minuten backen.
Nach dem Abkühlen Puderzucker und Wasser verrühren, über den Kuchen streichen und mit Kokosflocken bestreuen.

Zucchinikuchen

50 g Butter
3 Eigelb
150 g Zucker
1 Päckchen Vanillezucker
Salz
Saft einer halben Zitrone
1 Zucchini
200 g Mehl
2 TL Backpulver
100 g gemahlene Haselnüsse
3 Eiweiß
Butter zum Einfetten
Paniermehl
100 g Zartbitterkonvertüre

Die Butter in einer Rührschüssel schaumig schlagen.
Eigelb, Zucker, Vanillezucker und Zitronensaft zugeben.
Die Zucchini mit Schale reiben, abtropfen lassen, mit dem gesiebten Mehl und dem Backpulver in die Masse rühren.
Die Nüsse zugeben und den steifgeschlagenen

Eischnee unterheben.
Eine Kastenform einfetten, mit Paniermehl bestreuen.
Den Teig in die Kastenform geben und bei 180°C etwa 50 min backen.
Nach dem Erkalten mit einer Schokoladenglasur überziehen.

Nuß-Kürbiskuchen

3 Eier
125 g Zucker
1 Prise Salz
2 EL Rum
1 Messerspitze Zimt
250 g Kürbisfleisch
250 g Mehl
1/2 Päckchen Backpulver
150 g Nüsse
Butter zum Einfetten
Paniermehl

Die Eier in eine Rührschüssel geben und mit dem Rührgerät schaumig schlagen.
Zucker, Salz, Rum und Zimt zugeben
Das ausgelöste Kürbisfleisch raspeln.
Die geraspelte Kürbismasse, das Mehl, Backpulver und die Nüsse unterrühren.
Die Masse in eine eingefettete und mit Paniermehl ausgestreute Kuchenform geben und etwa 60 min bei 175°C backen.

Haselnussplätzchen mit Kürbiskernen

250 g Butter
350 g Zucker
1 Päckchen Vanillinzucker
2 Eier
250 g gemahlene Haselnüsse
400 g Weizenmehl
2 gestr. TL Backpulver
100 g Kürbiskerne

Butter, Zucker, Eier, Mehl, Backpulver und Haselnüsse zu einem Knetteig verarbeiten.
Zu einer Rolle formen und jeweils Scheiben abschneiden.
Auf diese ein oder mehrere Kürbiskerne drücken.
Auf ein gefettetes Backblech legen.
Bei 160° C in etwa 20-25 min hellbraun backen.

Kürbisbrot mit Äpfeln

200 g ausgelöstes Kürbisfleisch
1 großer Apfel
600 g Weizenvollkornmehl
1 Päckchen Trockenhefe
Salz
Zucker
Zimt
250 ml Milch

Den Apfel schälen und vom Kerngehäuse befreien.
Apfel und Kürbisfleisch raspeln.
Das Mehl mit der Hefe gut vermischen, Apfel- und Kürbisraspeln zugeben und mit 2 Eßlöffeln Salz, 2 Eßlöffeln Zucker und 1 Eßlöffel Zimt würzen.
Die Milch erwärmen.
Alle Zutaten in eine Schüssel geben und zu einem glatten Teig verkneten.
Die Schüssel mit einem Tuch abdecken und an einem warmen Ort etwa 30 min gehen lassen.
Den Teig auf ein mit Backpapier ausgelegtes Backblech geben und zu einem Brotlaib formen.

Wieder mit einem Tuch abdecken und an einem warmen Ort weitere 30 min gehen lassen.
Das Brot auf die unterste Schiene des kalten Backofens schieben und bei 220°C etwa 50-60 min backen.

Pikantes Brot mit Kürbiskernen

100 g Kürbiskerne
1 TL Butter
250 g Roggenfertigmehl
250 g Weizenmehl
2 TL Salz
1 TL Zucker
4 TL grüner Pfeffer
30 g Butter
1 Ei
2 Päckchen Trockenhefe
200 ml Wasser

Die Kürbiskerne in einer Pfanne mit etwas Butter anrösten und abkühlen lassen.
Roggen- und Weizenmehl in eine Schüssel sieben, die Kürbiskerne, das Salz, den Zucker, den Pfeffer, die zerlassene, aber nicht mehr heiße Butter und das Ei hinzugeben und alles gründlich miteinander vermischen.
Die Hefe darüber streuen und handwarmes Wasser unter das Mehlgemisch rühren, bis sich der Teig von der Schüssel löst.
Den Teig zu einem Ball formen und auf einer mit

Mehl bestäubter Arbeitsplatte 10-15 min gut verkneten, bis der Teig nicht mehr klebt und glatt und geschmeidig geworden ist.
Den Teigball wieder auf den mit Mehl bestäubten Boden der Schüssel legen, abdecken und an einem warmen Ort etwa 60 min gehen lassen.
Danach den Teig in 12 gleichmäßig große Stücke teilen und diese nebeneinander in eine gefettete Backform geben.
Mit warmem Wasser bestreichen.
Mit einem Küchentuch bedecken und noch einmal etwa 60 min an einem warmen Ort gehen lassen.
Das Brot im vorgeheizten Backofen bei 250°C etwa 60 min backen. Nach den ersten 10 min den Backofen auf 200°C herunterschalten. Während des Backvorgangs eine feuerfeste Schale mit kochendem Wasser in den Backofen stellen.
Nach dem Backen das Brot noch etwa 5 min in der Form stehen lassen, stürzen und mit dem Boden nach unten auf einem Gitterrost abkühlen lassen.

Kräuterbrot mit Kürbis

3 EL Wasser
1 Päckchen Hefe
400 g Mehl
3 Eier
100 ml Öl
Salz
200 g Kürbisfleisch
Kräuter (Petersilie, Schnittlauch o.ä.)

Im lauwarmes Wasser die Hefe bröckeln und auflösen.
Im eine Rührschüssel Mehl, Eier, Öl und Salz geben. Mit der aufgelösten Hefe zu einem Teig verkneten und kurz zugedeckt gehen lassen.
Den Kürbis reiben und die Kräuter kleinhacken.
Zu dem Teig geben. Kräftig verkneten und etwa 30 min zugedeckt gehen lassen.
Den Teig mit Mehl bestreuen, auf ein mit Backpapier ausgelegtes Backblech geben und bei 200°C etwa eine Stunde backen.

Bauernbrot mit Kürbiskernen

20 g Hefe
350 ml lauwarmes Wasser
500 g Backmischung „Bauernbrot"
Weizenmehl
50 g Kürbiskerne

Die Hefe in einer Rührschüssel in dem lauwarmen Wasser auflösen.
Die Backmischung hinzugeben und einen Teig kneten. Etwa 15 min an einem warmen Ort zugedeckt gehen lassen.
Den Teig bemehlen, aus der Schüssel nehmen, auf einer mit Mehl bestäubten Arbeitsfläche zu einem Brotlaib formen.
Die Kürbiskerne zugeben und verkneten.
Den Teig auf ein mit Backpapier ausgelegtes Backblech geben. Zugedeckt nochmals 30 min gehen lassen.
Im vorgeheizten Backofen 10 min bei 230°C, dann 45 min bei 200°C das Brot backen.

Getränke

Melonen-Kürbisbowle mit Prosecco

300 g Melonenstücke
300 g Kürbisstücke
3 EL Zucker
1 Orange
2 Flaschen Roséwein
2 Flaschen Prosecco
Minzblätter

Mit einem Kugelausstecher Melone und Kürbis auslösen.
Die Stückchen in ein Bowlegefäß geben.
Zucker zugeben.
Eine Orange in dünne Scheiben schneiden.
Diese in das Bowlegefäß geben.
Mit dem Roséwein auffüllen.
Kalt stellen und ziehen lassen. Kurz vor dem Servieren den Prosecco zugeben.
Mit Minzblättern bestreuen.

Kürbisbowle

500 g ausgelöstes Kürbisfleisch
1/2 Zitrone (ungespritzt)
1/2 Orange (ungespritzt)
2 Flaschen Weißwein (Riesling)
2 Flaschen Sekt (trocken)

Mit Hilfe eines Kugelausstechers aus dem Kürbis Kugeln herauslösen.
Diese in ein Bowlegefäß geben.
Die Zitrone und die Orange mit Schale in dünne Scheiben schneiden und dazugeben.
Mit zwei Flaschen Weißwein auffüllen und mehrere Stunden ziehen lassen.
Kurz vor dem Servieren den Sekt zugeben.

Alkoholfreie Kürbisbowle

500 g Kürbisfleisch
Saft einer halben Zitrone
1 Orange (unbehandelt)
1 Zitrone (unbehandelt)
2 Flaschen Apfelsaft
3 Flaschen Mineralwasser

Das Kürbisfleisch mit einem Kugelausstecher auslösen.
In ein Bowlegefäß geben.
Saft einer halben Zitrone zugeben.
Zuckern.
Die in Scheiben geschnittene Orange und Zitrone zugeben.
2 Flaschen Apfelsaft zugeben.
Kalt stellen und ziehen lassen.
Vor dem Servieren mit kaltem Mineralwasser auffüllen.

Alkoholfreies Kürbisgetränk mit Erdbeeren

400 g Kürbisfleisch
500 g Erdbeeren
50 g Zucker
2 l Apfelsaftschorle

Das Kürbisfleisch in kleine Stücke schneiden und in ein Bowlegefäß geben.
Ebenso die gewaschenen und halbierten Erdbeeren in das Bowlegefäß geben.
Mit Zucker süßen.
Mit Apfelsaftschorle auffüllen und kalt stellen.

Ein Historisches Rezept

Melonenkürbis in Essig und Zucker

(Rezept des Herrn Haushofmeisters Reinicke beim Fürsten zu Rudolstadt)

Auf 1 l Weinessig rechnet man 750 g Zucker, kocht und klärt beides und siedet in diesem Saft die Kürbisstücke gar, doch nicht zu weich, welche man zu fingerlangen, dreifingerbreiten Streifen aus geschältem nicht zu reifem Kürbis geschnitten und die man zuvor in kochendem Wasser eine kleine Weile abgebrüht, in kaltem Wasser gekühlet und dann auf der einen Seite mit 3 Stücken feinem Zimt und 2 Gewürznelken ohne Köpfe besteckt hat. Man stellt den Kürbis über Nacht kühl, kocht den Zuckeressig am folgenden Tage auf, läßt die Kürbisstücke kochend heiß werden und wiederholt dies am dritten Tag noch einmal. Dann füllt man den Kürbis in Gläser, überbindet diese mit Pergamentpapier und bewahrt sie an kühlem Orte auf.

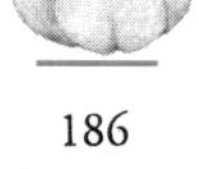

Ebenso fein ist es, wenn man den Kürbis nach dem Schälen und Zerschneiden eine Nacht in Essig legt, am folgenden Tag auf jedes Pfund Kürbis 375 g Zucker klar kocht, diesem Zitronensaft, 1/2 in feine Stiftchen geschnittene Zitrone und 50 g ebenso zerteilte Succade, ein Läppchen mit Vanille und etwas von dem Essig, in dem man den Kürbis hinstellte, zusetzt, hierin den Kürbis gar kocht und wie oben weiter verfährt. Die Vanille wird entfernt.

Am einfachsten kocht man den Kürbis nur in halb Essig, halb Wasser mit 375 g Zucker auf jedes Pfund Frucht gar und durchsichtig, füllt ihn dann sogleich in Gläser, streut einige weiße Pfefferkörner und etwas Muskatblüte dazwischen, gießt den Saft über und verschließt die Gläser.

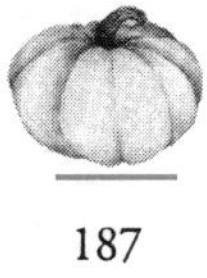

Eigene Rezepte

Rezeptregister

Vorspeisen

Gebackene Kürbisstreifen mit Parmaschinken auf Pumpernickel 20
Kürbis mit Scampi 21
Krabbencocktail mit weißer Kürbiscreme 22

Suppen

Einfache Kürbiscremesuppe 26
Kürbissuppe 27
Tomaten-Kürbis-Suppe 28
Kürbis-Lauch-Suppe 29
Warme Kürbissuppe mit Petersilie 30
Kürbis-Käse-Kartoffelsuppe 31
Kürbis-Hühnersuppe 32
Kürbis-Möhren-Suppe 33
Kürbiscremesuppe mit Porree 34
Nordische Kürbis-Krabben-Suppe 36
Kürbis-Schalotten-Suppe 37
Kürbiscremesuppe mit Knoblauchcroutons 38
Feine Kartoffel-Kürbis-Suppe 40
Überbackene Kürbissuppe 42
Kürbissuppe mit Wiener Würstchen 44
Orangen-Kürbissuppe 46
Einfache süße Kürbiskaltschale 47

Salate

Kürbis-Kartoffelsalat 50
Kürbis-Sellerie-Salat 51
Kürbis-Birnen-Salat 52
Salat mit Kürbis und Äpfeln 53
Gemischter Obstsalat mit Kürbis 54
Kürbisrohkost mit Äpfeln und Möhren 55
Kürbis-Käse-Salat 56
Feldsalat mit gerösteten Kürbiskernen 57
Bunter gemischter Salat mit Kürbis 58
Bunter Kürbis-Reis-Maissalat 60
Rucolasalat mit Specksauce, Kürbiskernen und Räucherlachs 62

Hauptgerichte

Lachsfilets im Kürbismantel 66

Fleisch-Gemüsespieße mit Kürbis und Zucchini 68
Hähnchenragout mit Kürbis 70
Risotto mit Kürbis und Gehacktem 72
Schweinegulasch mit Kürbis 74
Kürbiseintopf mit Speck und Kartoffel 75
Rindfleisch-Kürbis-Tomaten-Eintopf 76
Kürbis-Bohnen-Eintopf 78
Kürbis-Reis-Topf 80
Kürbis-Porree-Auflauf 82
Spaghettikürbis mit Pesto 83
Kürbis-Gurken-Gratin 84
Kürbis-Kartoffel-Gratin mit Gorgonzola 86
„Halloween-Gratin" 88
Schinken-Kürbis-Auflauf 90
Gemüsespieß mt Hähnchenbrust 91
Kürbisauflauf mit Roquefort 92
Gefüllte Zucchini mit Hackfleisch 94
Kürbisschnitzel 96
Blätterteigquiche mit Zucchini 98
Kürbisfüllung in Blätterteig 100
Rahm-Reibeplätzchen mit Kürbis 102
Kürbislasagne 104
Bandnudeln mit Kürbissauce 106
Brotkuchen mit Kürbis 108
Kürbisplätzchen auf Feldsalat 110
Ravioli mit Kürbissauce 112
Folienkartoffeln mit Kürbis-Oliven-Feta-Füllung 114
Westfälischer Pickert mit Kürbis 115

Beilagen

Kürbis-Kartoffelplätzchen 118
Kürbis-Kartoffel-Porreeplätzchen 120
Kartoffelpürée mit Kürbis 122
Kürbispuffer 123
Gebackener Kürbis 124
Gebackene Kürbisscheiben 125
Gebackener Kürbis 126
Einfaches Kürbisgemüse 127
Rahm-Kürbisgemüse mit Dill 128
Kürbisgemüse mit Äpfeln 129
Kürbisgemüse „Badische Art" 130
Einfaches Klassisches Zucchinigemüse 131
Kürbis-Kokos-Gemüse 132
Kürbisgemüse mit Räucherspeck und Äpfeln 134
Italienische Kürbisscheiben 136
Einfaches Zucchinigemüse 138

Kürbisdip mit Weißbrot 139
Kürbisrührei 140

Desserts

Kürbis-Dessert mit Orangen 142
Kürbis-Preißelbeer-Kompott 143
Kürbiskompott 144
Apfel-Kürbis-Kompott 145
Kürbis-Zimt-Mousse 146
Kürbiseis 147

Saucen

Kürbissauce 150
Warme Currykürbissauce 151

Marmeladen und Eingemachtes

Kürbismarmelade 154
Kürbis-Pfirsich-Marmelade 155
Orangenkürbiskonfitüre
mit Grand Manier 156
Eingekochter Kürbis 157
Süß-sauer eingelegter Kürbis 158
Eingemachtes Kürbispüree 159
Eingemachter Kürbis mit Ingwer 160

Brot und Backwaren

Orangenwaffeln mit Kürbis 164
Einfache Zucchini-Kokos-Torte 166
Zucchinikuchen 168
Nuß-Kürbiskuchen 170
Haselnußplätzchen
mit Kürbiskernen 171
Kürbisbrot mit Äpfeln 172
Pikantes Brot mit Kürbiskernen 174
Kräuterbrot mit Kürbis 176
Bauernbrot mit Kürbiskernen 177

Getränke

Melonen-Kürbisbowle
mit Prosecco 180
Kürbisbowle 181
Alkoholfreie Kürbisbowle 182
Alkoholfreies Kürbisgetränk
mit Erdbeeren 183

Ein historisches Rezept

Melonenkürbis in
Essig und Zucker 186